더 나은
내가 되기

더 나은
내가 되기

류쉬안 지음 | 원녕경 옮김

㈜ **ㄷ ㅏ ㅇㅕ**
DAYEONBOOK

Prologue
성장의 길을 당신과 함께

충동은 태어나는 그날부터 우리를 끊임없이

탐구하게 하고, 발견하게 하고, 성장하게 만든다.

어쩌면 당신은 방금 숙제를 끝내고 심심풀이 삼아 이 책을 택했을지 모른다. 어쩌면 잠자기 전 독서 시간에 때마침 침대 맡에 놓인 이 책을 펼쳤을 수도 있다. 또 어쩌면 서점이나 도서관에서 책 제목에 끌려 몇 페이지 훑어보는 중인지도 모른다.

어쨌거나 당신의 마음속에서 '작은 충동'이 일었음은 분명하다. 책을 읽음으로써 평소와는 다른 그 무엇을 찾고 싶다는 충동 말이다.

물론 이 충동은 너무나 미미해서 당신 자신조차 알아차리지 못했을 수도 있다. 하지만 그렇다고 이를 얕봐서는 안 된다. 바로 이 욕구로 말미암아 우리 삶에 남다른 의미가 더해지기 때문이다.

인간이 의식주 문제에서 눈을 떼 우주와 바다를 탐사하고, 세포와 미세먼지를 연구하고, 우리 내면세계의 비밀을 파헤칠 수 있었던 데는 모두 이 작은 '충동'이라는 시작이 있었다. 이는 우리를 행동하게 하는 일종의 추진력으로, 우리의 생명력을 꽃피우는 힘이라 할 수 있다.

이 작은 충동은 태어나는 그날부터 우리를 끊임없이 탐구하게 하고, 발견하게 하고, 성장하게 만든다. 이를 통해 우리는 부모님을 원점으로 끊임없이 활동 반경을 넓혀간다. 어린 시절 뛰어놀던 골목길에서 집 근처 유치원과 초등학교로, 몇 킬로미터 밖의 중·고등학교로, 그리고 다시 수십 혹은 수백 킬로미터

밖의 대학교로…….

집이라는 둥지를 떠나 새로운 곳에 정착해 평생의 친구와 반려자를 만들고 자신만의 '영웅의 길'을 걷기까지, 우리는 이러한 과정을 지속한다. 그러나 이 과정이 꼭 순조롭게 진행되는 것은 아니다. 가족이라는 굴레에 매이기도 하고, 성장의 길에서 비바람을 만나기도 하고, '유치한 나'에서 '성숙한 나'가 되기까지 부딪히며 넘어지기도 한다. 여기서 중요한 점은 이 과정을 끝낼 사람은 오직 나 자신뿐이라는 것, 그 누구도 대신해 줄 수 없다는 사실이다.

심리학의 보편적인 시각으로 볼 때 인간의 성장이란 바로 이런 것이다. 어린 시절, 우리는 완전히 부모님에게 의지한 채 살아간다. 그러다 사춘기가 되면 조금씩 독립하고 싶은 충동에 빠진다. 낡은 환경에서 벗어나고 싶어 하고, 새로운 목소리를 내며 자기 자신을 찾기 시작한다. 경계선을 탐색하며 이른바

'반항'이라는 '탈선'을 감행하기도 한다.

이 과정에서 부모님과 친구가 우리에게 줄 수 있는 것은 우리를 쫓는 눈길과 관념의 충돌 그리고 이성적, 감성적 갈등뿐이다. 한편 우리는 우리 자신을 알기 시작함으로써 자기관리법을 배우고, 자신의 특성과 더불어 '자아'에 대한 인식을 형성하며, 자신만의 독특한 가치를 정의해 소위 '성장'을 해나간다.

문제는 이것이 정말 쉽지 않다는 사실이다! 때로는 정말로 일생을 쏟아부어야 하는 경우도 있다.

나 역시 한때는 방황하는 청춘이었다. 당시 내 머릿속은 인생에 대한 물음표로 가득했다. 그 물음에 대한 해답을 찾고자 도서관에 틀어박혀 책을 파는가 하면, 북극으로 또 적도로 배낭여행을 떠나 다양한 세상을 경험하기도 했다. 그때의 경험을 바탕으로 《나를 찾아서》라는 책도 썼다.

다행히 너그러운 편이던 내 부모님은 나의 '자유분방한 행동'을 성장하는 데 꼭 거쳐야 할 과정으로 봐주셨고, 그렇게 나의 '폭풍우'가 지나가고 무지개가 뜨길 인내로 기다려주셨다.

나는 운도 좋았다. 하버드라는 좋은 학교에 들어가 지혜로운 선생님들과 함께 심리학을 연구하는 기회를 누렸으니까 말이다.

그 덕분에 지금 이렇게 책을 통해 내가 배운 지식과 인생 경험을 나누고, 얕게나마 인간의 심리와 성장에 대해 이야기하는 기회를 얻게 되지 않았는가?

한 사람이 성장해 어른이 된다는 건 단순히 가정이라는 작은 세계에서 더 넓은 세계로 나아가는 것만을 의미하진 않는다. 한 사람의 어른으로 성장하기 위해서는 가족 구성원이라는 소속감 속에서 오롯이 자기 자신만의 소속감을 찾아가야 한다. 그것은 하나의 단체가 될 수도, 신념이 될 수도, 원칙이 될 수도, 가치관이 될 수도 있다.

이 과정에서 진정한 자아를 찾고, 자신의 성격을 이해하고, 자신의 내적 동기를 찾아야 한다. 그리고 자신의 감정과 공존하는 법, 시간을 제대로 활용하는 법, 공감 능력을 발휘하는 법 등을 배워야 한다. 또한 그 많은 변화 끝에 성격, 능력, 수요, 가치관 등으로 자신만의 틀을 형성하여 심리학에서 말하는 '정체성'을 확립해야 한다.

그런 의미에서 나는 이 책을 통해 기억력, 집중력, 좋은 습관에 관한 심리학의 연구 결과를 나누며 친구 사귀는 법, 부모님 대하는 법, 감정 관리법 등 인간관계에 관한 이야기들을 해볼까 한다. 또한 발달심리학의 관점에서 사춘기라는 폭풍이 가져올 심리적 변화를 알아보고, 공감 능력과 긍정의 중요성에 관해서도 이야기해볼 생각이다.

심리학 개념과 그 관련 이야기 그리고 우리가 함께해야 할 숙제가 담긴 이 책을 통해 부디 당신 자신과 타인을 더 많이, 더 잘 이해할 수 있길 바란다. 그래서 이번 독서의 여정으로 당신의 마음에 우주와 꽃밭이 무한히 펼쳐지길 바란다.

당신과 함께 성장의 길 위에 서 있는 친구, 류쉬안

Chapter 01
개강: 궁금증 때문에

어떻게 하면 나 자신을 알고, 또 남을 알 수 있을까?

이런 호기심 덕분에 심리학이 탄생할 수 있었다.

'지피지기, 백전불태(知彼知己, 百戰不殆).'

이는 《손자병법》에 나온 말로, 적을 알고 나를 알면 백 번을 싸워도 이길 수 있다는 뜻이다.

'어떻게 다른 사람을 이해하고, 또 어떻게 자기 자신을 이해할 것인가?'

심리학은 이러한 질문과 호기심에서 탄생했다. 사실 심리학은 비단 전장에서뿐만 아니라 병을 치료하고, 교육하고, 원만한 인간관계를 맺는 일에도 얼마든지 활용할 수 있다. 우리가 좀 더 알차고 아름다운 인생을 만들어가는 데 심리학의 도움을 받을 수 있다는 뜻이다. 물론 그 모든 시작은 상대를 알고 나를 아는 '지피지기'로부터다.

사람들은 흔히 심리학이라고 하면 대학생 정도쯤은 돼야 이해할 수 있는 어려운 학문으로 여긴다. 하지만 나는 누구든지 심리학의 개념을 이해할 수 있다고 믿는다. 그런 의미에서 나는 9세부터 99세까지 모두 이해할 수 있는 책을 만들자는 목표로 이 책을 집필했다. 그럼 지금부터 흥미로운 심리학 이야기 속으로 들어가보자.

마음은 영혼이 살아 숨 쉬는 곳

심리학을 뜻하는 'Psychology'는 2천여 년 전 고대 그리스에서 유래되었다. 당시 수많은 철학자 중 제일의 유명 인물은 단연 아리스토텔레스였는데, 그리스인들은 그를 가장 총명하고 가장 지혜로운 사람으로 손꼽았다.

그러나 그런 그도 잘못 이해한 일이 많았다. 예를 들면 인간의 모든 생각과 감정이 '심장'에서 비롯된다고 여긴 것이 그러했다. 아리스토텔레스는 우리가 '마음'으로 사고를 한다고 생각했다. 그럼 두뇌의 역할은 무엇이냐는 질문에 그는 이렇게 말했다.

"음, 특별한 건 없을 겁니다. 우리의 피를 차갑게 식히는 정도의 역할이겠지요!"

이는 비단 아리스토텔레스만의 생각은 아니었다. 고대 이집트인들은 미라를 만들 때 죽은 이의 뇌는 제거하고 심장은 반드시 남겨두었다. 뇌는 불필요한 것으로 여긴 반면, 심장은 영혼이 살아 숨 쉬는 곳이라 생각했기 때문이다.

그런 까닭에서인지 지금까지도 우리는 사람을 이해하려면 그의 '마음(心)'을 알아야 한다고 말한다. 그 어떤 일을 할 때 전심전력(全心全力)으로 해야 한다고 말하며, 사람을 대할 때는 마음을 다해야 한다고 말한다. 마찬가지로 분명 뇌 속에서 일어나는 현상을 연구하면서도 이를 '뇌리학(腦理學)'이 아닌, '심리학(心理學)'이라 부르고 있다. 왜? 우리가 이미 이러한 표현에 익숙해졌기 때문이다.

심리학의 창시자

19세기 말에 이르러서야 심리학은 비로소 과학적인 연구 방법을 사용하는 '행동과학'의 한 분야가 되었다. 그 당시 우리가 '심리학의 아버지'라 일컫는 학자 두 명이 있었다. 한 명은 독일에 사는 빌헬름 분트(Wilhelm Wundt)였고, 다른 한 명은 미국에 사는 윌리엄 제임스(William James)였다.

빌헬름 분트는 엄격하고 진지한 성격의 소유자로, 실험을 선호했다. '실험으로 가늠할 수 없는 것은 과학이 아니며, 과학적이지 않은 것은 믿을 수 없다'고 생각한 그는 심리학을 실험으로 증명할 수 있는 행동과학으로 변모시켰다.

한편 윌리엄 제임스는 달랐다. 그는 인간을 기계 보듯 해서는 안 된다고 생각했다. 그에게 인간의 '정신'과 '의지'는 비록 눈에 보이지 않고 가늠하기도 쉽지 않은 것이지만, 우리가 인간으로서 갖는 가장 중요하고도 귀한 힘이었다. '인본주의'적인 그의 이론은 후대의 수많은 심리학자에게 영향을 주었다.

그렇다면 과연 누구의 주장이 옳을까? 사실 두 사람 모두 옳다. 우리는 사고와 정신 측면으로만 인간성을 이해할 수 없다.

또한 인간의 일부분에 대한 실험만으로 한 사람의 삶 전체를 파악할 수 없다.

심리학 분야에서는 특히 재미있는 실험이 많이 진행되었는데, 이는 인간이 참으로 흥미로운 동물이기 때문이다. 심리학은 우리 생활 곳곳에 활용되기도 한다. 예컨대 어떤 심리학자는 휴대전화의 인터페이스를 좀 더 간편하게 활용할 방법을 연구하고, 또 어떤 심리학자는 어떻게 차를 설계해야 더 안전하게 운전할지 그 방법을 연구한다.

다양한 사회현상을 연구하는 심리학자도 있고, 교육을 연구하는 심리학자도 있으며, 정신질환을 앓거나 정신적 상처를 입은 사람들의 고통을 덜어주고 회복을 돕는 심리학자도 있다. 이 모든 것이 광활한 심리학의 세계다!

이 수업에는 시험이 없다. 다만 당신 스스로 혹은 당신 주변의 어른들과 함께해볼 다양한 '생각 연습'이 준비되어 있다. 과거 대학에서 여러 심리학적 물음을 접하며 내가 심리학을 사랑하게 되었듯, 당신 또한 이 책을 통해 심리학을 좋아하게 되었으면 한다. 무엇보다 당신 자신과 당신의 주변 사람들을 좀 더 잘 이해할 수 있었으면 한다.

자, 그럼 나를 알고 남을 아는 '지기지피'의 심리 탐구를 시작해보자!

생각 연습

① 이 책을 읽기 전에 심리학이란 무엇이라 생각했는가?

② 심리학을 통해 어떤 도움을 받았으면 하는가?

③ 나는 '실험심리학'의 빌헬름 분트에 더 가까운가, 아니면 '인본주의'의 윌리엄 제임스에 더 가까운가?

Chapter 02
성격: 유일무이한 나

어떤 성격을 타고났든
마음만 먹으면 최고의 내가 될 수 있다.

혹시 눈치챘는가? 같은 가족, 같은 부모에게서 태어난 형제자매일지라도 성격은 제각각이다. 판에 박은 듯 생김새가 거의 비슷한 쌍둥이도 취향이나 행동까지 똑같을 수는 없다. 사람의 외모를 보면 뚱뚱한 사람과 날씬한 사람, 키가 큰 사람과 작은 사람, 머리카락이 굵은 사람과 얇은 사람, 코가 펑퍼짐한 사람과 날카로운 사람 등이 있는데 이를 외적인 차이라고 부른다. 한편 사람의 습관, 행동, 취향 등의 내적인 특징을 '성격'이라고 부른다.

성격은 지문처럼 사람마다 다른 유일무이한 것이다. 같은 반 친구들을 보더라도 눈물이 많은 친구, 잘 웃는 친구, 엉뚱한 아이디어가 넘치는 친구, 말수가 적은 친구 등이 있는데 이러한 차이는 모두 저마다의 성격에서 비롯된다.

별자리, 혈액형으로 보는 성격

심리학이 등장하기 전부터 인간은 성격을 연구해왔다. 물론 수백, 수천 년 전에는 지금과 같은 실험기구나 연구 방법이 존재하지 않았다. 이에 우리의 선조들은 주변 환경, 예컨대 계절이나 해와 달 혹은 기후의 변화 등을 통해 사람과 사람 사이에 차이가 나는 이유를 이해하고자 했다. 그들은 하늘에 떠 있는 별의 위치로 인간의 성격을 분석했는데, 그렇게 발전한 것이 '점성학'이다.

그런데 태어난 날짜와 시간만으로 정말 한 사람의 성격을 알 수 있을까? 심리학이 과학적 방법으로 연구하는 학문인 데 비하면, 사실 점성학은 그리 합리적으로 보이지 않는다. 실제로 같은 시간, 같은 병원에서 태어난 아이들도 저마다 다른 성격을 가진 어른으로 성장해 각기 다른 운명의 삶을 살지 않던가!

물론 그럼에도 우리는 여전히 별자리나 혈액형 등에 따라 사람을 분류하고 그 개개의 성격을 판단하길 좋아한다. 하지만 이는 그저 '참고 수치'일 뿐이다. 진정으로 사람을 이해하려면 결국 개개인에 대한 주의 깊은 관찰이 필요하다.

요컨대 심리학에는 인간의 성격에 대한 여러 이론과 분류법이 존재한다. 심리학자 알프레트 아들러(Alfred Adler)는 인간의 성격을 4종류로 나눈 반면, 게오르기 구르지예프(Georgii lvanovich Gurdzhiev)는 9종류로, 칼 구스타프 융(Carl Gustav Jung)은 16종류로 나누었다. 이들의 이론과 분류법에는 나름의 견해와 근거가 있다. 여기에는 절대적으로 옳은 답도, 절대적으로 틀린 답도 없다. 심리학은 이렇게 끊임없이 개선하고 보완해온 학문이다.

선천파, 후천파

이쯤 되면 인간의 성격이 어떻게 형성되는지 궁금할 텐데, 사실 이는 심리학자들조차 두 파로 나뉘어 여전히 논쟁 중인 문제이기도 하다. 그중 한 파는 인간이 태어날 때부터 대부분의 성격을 타고난다고 주장한다. 이들은 인간의 성격 중 많은 부분이 유전되거나 엄마의 배 속에서부터 영향을 받아 형성된다고 믿는데, 이런 학자들을 '선천파'라고 한다.

또 다른 한 파는 인간이 백지장과 같은 상태로 태어나 이후 부모에게 어떻게 양육되고, 또 어떤 학교에서 어떤 교육을 받는지, 어떤 친구를 사귀는지 등에 따라 성격이 형성된다고 주장한다. 이런 학자들을 '후천파'라고 한다.

당신은 선천파와 후천파 중 어느 쪽을 믿는 편인가?

사실 두 파의 주장은 모두 일리가 있다. 날 때부터 활동적인 아이가 있는가 하면 얌전한 아이도 있다. 자극적이고 새로운 사물에 대한 호기심을 타고난 아이가 있는가 하면, 새로운 자극을 두려워하며 도망가려는 아이도 있다. 이는 한 사람의 '선천적 기질'에 의한 차이에 속한다. 그러나 아이가 어른이 되어서도 평생 이런 모습일까? 물론 그렇지 않다! 각자의 성장 환경과 그 안에서의 경험이 성격에 덧입혀질 테니까 말이다.

활동적이고 자극을 사랑하는 기질을 타고났다 하더라도 엄한 부모와 보수적인 집안 분위기 속에서 엄격한 교육을 받았다면 조심스럽게 행동하는 습관이 몸에 배어 활달한 면이 제대로 표출될 수 없었을 것이다. 그러다 어느 날 암벽등반 동아리에 가입해 활동적이고 자극을 사랑하는 자신의 천성이 이곳에서 만큼은 장점이 된다는 사실을 발견한다면, 그래서 활달한 기질을 인정하고 다시 이를 끄집어낸다면 겉으로 드러나는 성격도 바뀔 수 있다.

혹시 형제가 케이크를 두고 싸운 이야기를 들어본 적 있는가? 형제는 케이크를 더 많이 먹고 싶다는 생각에 누구도 양보하지 않았다. 현명한 엄마에게서 이런 말을 듣기 전까지는 말이다.

"형이 케이크를 자르자. 그 대신 어느 조각을 먹을지는 동생이 먼저 선택하는 거야."

나는 선천적인 것과 후천적인 것의 관계가 조금은 이와 비슷하다고 생각한다. 케이크를 자르는 형이 선천적인 것이라면 케이크 조각을 선택하는 동생은 후천적인 것이어서, 두 사람이 함께 최후의 '성격'을 결정하는 것이다.

강산은 쉽게 바뀌어도 본성은 바뀌기 어렵다?

'강산은 쉽게 바뀌어도 타고난 본성은 바뀌기 어렵다.'

이 말을 한 번쯤 들어봤을 것이다. 이는 한 번 형성된 성격은 거의 변하지 않는다는 뜻이다.

일반적으로 심리학자들은 '인격'에 안정성이 있다고 생각했다. 그러나 장기적으로 인간을 관찰한 결과, 사실 인격의 안정성은 고정 불변하지 않다는 사실을 발견했다. 인간의 성격은 본질적으로 매우 안정적일지 모르지만, 행동과 능력은 적응성을 가지고 있어서 얼마든지 발전할 수 있다.

내향적이고 부끄러움 많은 사람이 있다고 가정해보자. 그는 외향적인 친구들을 사귀었고, 친구들은 그를 데리고 여러 모임에 참가해 다양한 사람을 소개해주었다. 친구들이 어떻게 사람들과 소통하는지를 배운 그는 낯선 이와 대화하는 두려움을 조금씩 떨쳐낼 수 있었다. 물론 그의 성격은 여전히 내향적으로, 평소 혼자 있는 것을 더 좋아할지도 모른다. 하지만 적어도 더 이상 사교 장소를 두려워하지는 않을 것이다. 심지어 이후에 그를 알게 된 친구들은 모임에서 물 만난 물고기처럼 행동하는 그의 모습을 보고 그가 내향적인 사람이라는 사실을 믿지 못할지도 모른다.

다시 말하면 내향적인 성격을 가진 그가 그 성격의 한계를 극복한 것이다. 미국의 전 대통령 링컨이 바로 그 좋은 예다. 링컨의 젊은 시절은 매우 고단했는데, 힘겨운 삶은 그를 수줍음 많은 성격에 말주변 없는 사람으로 만들어놓았다. 그러나 그는 자신의 고단한 운명을 적극적으로 마주하며 자신을 바꾸려 부단히 노력했다. 그 결과, 그는 명랑한 성격의 소유자로서 유머 감각까지 갖춘 인물이 되었다. 그가 한 재미있는 이야기는 지금까지 전해지고 있는데, 그만큼 미국인들은 링컨의 유머가 미국 국민 전체를 긍정적이고 진취적으로 만들었다고 평가한다.

그러니 테스트 하나로 당신의 성격이 어떻다 단정하지도 말고, 다른 사람이 당신의 성격을 이용해 당신 성장을 제한하도록 내버려두지도 말자. 성격의 절반은 선천적으로 타고나지만 나머지 절반은 후천적으로 형성된다는 걸 알았으니, 일단 당신 자신을 믿어주자. 타고난 성격과 기질은 그저 기초를 마련할 뿐이다. 당신의 성격은 평생 변하지 않을 수도 있지만 노력을 통해 크게 달라질 수 있다.

우리의 일생은 길다. 앞으로 스스로 되고 싶은 모습이 있다면 그런 사람이 되기 위해 노력하자. 어떤 성격을 타고났든 마음만 있다면 분명 최고의 내가 될 수 있음을 믿자!

생각 연습

① 나는 무슨 일이든 규칙적으로 계획에 따라 처리하길 좋아하는가, 아니면 즉흥적으로 불규칙하게 처리하길 좋아하는가? 엄마, 아빠 그리고 형제자매의 습관과 성향은 또 어떠한가?

② 나는 밝고 낙천적인 편인가, 항상 우울한 편인가?

③ 나는 낯선 환경에 금세 적응해 편안함을 느끼는가, 쉽게 적응하지 못하는가?

Chapter 03
감정: 나쁜 감정 이겨내기

감정은 우리가 어떻게 반응하고 행동해야 하는지를 알려주어

우리의 생존을 돕는다.

최근 가장 즐거웠던 때는 언제이며 그 이유는 무엇인지를 생각하라면, 아마 친구와 함께 있을 때를 떠올리는 사람이 많을 것이다. 그런데 함께 공놀이하던 친구가 규칙을 어기고 심지어 부정행위를 저지른다면 어떨까? 친구와 함께한다는 '기쁨'은 어느새 '분노'로 변해버릴 것이다. 그리고 어쩌면 이를 계기로 그 친구와의 왕래를 끊고 '슬픔'에 빠질지도 모를 일이다.

　이렇게 생활 속에서 느끼는 '희로애락(喜怒哀樂)'을 우리는 '감정'이라고 부른다. 심리학자들이 인간의 감정을 연구하며 가장 궁금해한 문제는 다음과 같다.

　첫째, 우리는 왜 감정을 느끼는가? 감정은 우리에게 어떤 쓸모가 있는가?

　둘째, 우리는 자신의 감정을 제어할 수 있는가? 다른 사람의 감정을 제어하는 일은 가능한가?

　질문의 답을 알아보기 전에 먼저 동물을 살펴보자. 당신은 잔뜩 신이 난 강아지를 본 적 있는가? 신이 난 강아지는 꼬리를 흔들며 이리저리 뛰어다니는가 하면, 주인에게 달려들어 얼굴을 핥아 침 범벅을 만들기도 한다. 이로 미루어보면 인간의 감정만큼 다양하지는 않아도 동물에게도 감정 반응이 있다.

그렇다면 곤충 또한 감정이 있을까? 이는 단언하기 어렵다. 곤충은 표정이 없어서 그것들이 무슨 생각을 하는지 알 수 없기 때문이다. 주방에서 바퀴벌레를 발견했을 때, 그것이 '앗! 괴물이 슬리퍼를 들고 나를 향해 돌진하고 있잖아. 분명 호의를 품고 오는 것은 아닐 테지. 아, 무서워! 얼른 달아나자!'라고 생각할 거라 짐작하는 사람은 없을 터다. 바퀴벌레의 두뇌는 인간처럼 발달하지 않아서 어떤 일이든 단순하게 반응하기 때문에 위험을 감지하면 일단 피할 뿐이다.

물론 인간도 위험을 느끼면 달아날 생각을 한다. '진화론'으로 인간의 심리를 이해하는 심리학자들은 이 점을 들어 감정이 진화의 기능을 한다고 주장한다. 하등동물은 위험을 만나면 달아나고 먹이를 보면 먹는 기본적 생존 반응을 하지만, 고등동물로 진화할수록 이러한 반응도 복잡해진다면서 말이다. 실제로 감정은 우리가 신속하게 다음 행동을 결정하고 실행하도록 하여 우리의 생존을 돕는다. 그리고 내적으로는 우리가 어떻게 반응해야 하는지를 알려주어 자신이 무엇을 좋아하고 또 싫어하는지를 판단할 수 있게 한다.

표정은 무지개와 같다

감정은 표정을 만들어 어떻게 나라는 사람과 상호작용을 해야 할지 타인에게 힌트를 제공하는 기능을 하기도 한다. 예컨대 갓 태어난 아기는 아직 아는 것도 없고 말도 못 하지만, 표정만큼은 굉장히 풍부해 얼굴에 희로애락을 모두 담아낸다. 아기가 "응애" 하고 목 놓아 울면 엄마는 곧장 곁으로 달려와 "아이고, 우리 아기가 왜 울까?"라며 울음의 이유를 찾는다. 아기가 배가 고픈 것 같으면 우유를 먹이고, 졸려서 보채는 것 같으면 품에 안아 재운다.

배고프면 울고, 불편하면 화를 내는 등 이런 직접적인 표현은 날 때부터 할 수 있는 인간의 본성이다. 이것이 우리의 생존 방법이기 때문이다. 아기가 울며 보채지 않고 불편해도 아무 표현을 하지 않는다면, 정말 위험할 것이다. 표정은 다른 사람에게 어떻게 나라는 사람과 어울려야 할지를 알리는 기능을 한다. 상대의 화난 표정을 보면 멀리해야겠다고 생각하고, 웃는 모습을 보면 가까이 다가가도 괜찮겠다고 느끼는 것처럼 말이다.

그렇다면 다른 지역, 다른 문화를 가진 사람들도 다 같은 표정을 지을까? 심리학자 폴 에크만(Paul Ekman)은 파푸아뉴기니의 깊은 산골에서 원시부족의 표정과 감정을 연구했다.

그가 그렇게 외진 곳까지 가서 연구한 이유는 간단했다. 세계 각지에 거주하는 인간들이 공통적으로 가진 감정과 표정은 무엇인지, 또 살면서 TV를 본 적 없고 다른 문화를 접한 적 없는 깊은 산골의 원시부족도 같은 감정과 표정을 가지고 있을지에 대해 알고 싶었기 때문이다.

그는 지구촌 각지를 누비며 다양한 표정을 수집하고 정리해 '전 세계 인류에 통용되는 표정'을 간추렸다. 이 표정은 총 일곱 가지 각기 다른 감정, 즉 분노·두려움·놀람·혐오·슬픔·경

멸·기쁨을 반영한다. 이 표정들은 우리가 어디에 있든 상관없이 일곱 가지 색을 드러내는 무지개와 같다. 누구나 이 일곱 가지 감정을 갖고 있는데, 이를 드러내는 표정 또한 같다. 기본 색깔을 섞으면 채도와 명도가 다른 다양한 색깔을 만들어낼 수 있듯, 복잡한 감정도 바로 이 일곱 가지 감정에서 섞여 나온다.

헐크처럼 제어가 안 돼

심리학자들이 관심을 가진 또 다른 문제는 '감정을 제어할 수 있는가?'였다. '우리가 자신의 감정 반응을 제어할 수 있다면 우리 삶이나 인간관계에 조금이나마 도움 되지 않을까?'라는 의문에서 출발한 관심이었다.

우리 주변에는 간혹 분노를 제어하지 못하는 사람들이 있다. 그들은 누군가가 화를 돋우면 헐크처럼 자제력을 잃고 욕설을

퍼붓거나 사람을 때리는 등 파괴적인 행동으로 타인 또는 자신에게 피해를 준다.

한편 알 수 없는 두려움을 제어하지 못해 정상적인 생활에까지 영향을 받는 사람들도 있다. 분명 자신이 안전하다는 사실을 알고 있음에도 높은 곳에만 서면 온몸이 불편해지는 '고소공포증'을 가진 사람이 있는가 하면, 비좁은 공간에 머무르는 것을 두려워하여 엘리베이터나 비행기를 타지 못하는 '폐소공

포증'을 가진 사람도 있다. 또 어떤 사람은 낯선 이와 마주하는 것을 두려워해 평생 집 안에 머물지언정 밖으로 나가 세상과 마주하길 거부하기도 한다. 분노나 두려움을 제어하지 못해 타인과 자신에게 생채기를 내고, 공포 속에 살아가야 한다는 건 얼마나 괴로운 일인가!

이에 심리학자들은 음악 감상, 정좌, 심호흡, 자연 속에 파묻히기 등 쉽고 간단하게 감정을 전환할 다양한 방법을 연구했다.

그리고 또 한 가지, '자신의 감정 되돌아보기'라는 방법을 고안해냈다. 이게 무슨 뜻이냐? 나의 예를 통해 설명하면 이렇다.

처음 롤러코스터를 탔을 때 나는 정말로 두려웠다. 치가 떨리고, 손바닥에 땀이 나고, 심장이 튀어나올 것만 같았다.

롤러코스터가 천천히 높은 곳을 향해 올라가자, 나는 금방이라도 숨이 막힐 것 같았다! 그 후, 높은 곳에서 아래로 떨어질 때는 와우, 나뿐만이 아니라 모든 사람이 비명을 질렀다. 롤러코스터가 멈추었을 때 나는 땀범벅이 되어 있었고, 심장도 여전히 빠르게 뛰었다. 하지만 나는 내가 안전하다는 걸 알았고, 그 순간 두려움은 일종의 흥분과 쾌감으로 바뀌었다. 당시 나는 아버지께 이렇게 말했다.

"아빠, 정말 재미있어요! 저 또 타고 싶어요!"

참 이상하지 않은가? 좀 전까지만 해도 두려움에 떨던 아이가 '다시 한 번'을 외쳤다니 말이다. 그것은 바로 내가 '자신의 감정을 되돌아본' 결과였다. 그 후 롤러코스터를 몇 번 더 타보면서 나는 어느새 그 짜릿한 느낌을 기대하게 되었다!

이뿐만이 아니다. 어린 시절, 나는 남들 앞에 서는 것을 무서워했다. 그래서 무대에 오르면 항상 눈물을 보였다. 하지만 아버지와 어머니는 그런 나와 함께 연습도 해주시고 아낌없이 격려도 해주셨다. 그러던 어느 날 나는 무대공연으로 상을 받았는데, 이는 내게 짜릿한 흥분을 안겨주었다. 이후 무대 경험을 한 번, 또 한 번 쌓으면서 나는 두려움을 조금씩 떨쳐냈다. 물론 지금도 무대에 오를 때면 항상 심장이 요동친다. 하지만 '자신의 감정을 되돌아보는 법'을 알기에 나는 나 자신에게 말한다.

"이건 긴장의 두근거림이 아니라 설렘의 두근거림이야!"

부정적인 감정은 위험한 일을 피해 갈 수 있도록 우리에게 경고를 날린다. 그러나 이를 회피하기만 한다면 평생 눈앞에 놓인 도전을 극복하지 못한다. 하지만 용감하게 두려움을 돌파하면 의외의 쾌감과 성취감을 얻을 수 있다. 연습을 통해 우리는 얼마든지 자기 감정과 친구가 될 수 있음을 잊지 말자!

생각 연습

① 가족, 친구와 함께 각자가 가장 싫어하는 부정적 감정은 무엇인지 이야기를 나눠보자.

② 주변인 중 감정관리를 잘하는 사람이 있다면, 그가 어떻게 감정을 제어하는지 관찰해보자.

③ 긴장되고 두려울 때는 조용히 앉아 심호흡해보자. 그리고 그 효과를 느껴보자.

Chapter 04
동기: 왜 공부를 해야 하지?

내적 동기를 찾으면

외적인 동기부여가 없어도 더 좋은 결과를 위해 노력할 수 있다.

우리가 숨을 쉬는 이유는 산소가 필요하기 때문이다. 우리가 음식을 먹는 이유는 영양소가 필요해서고, 우리가 잠을 자는 이유는 휴식이 필요해서다. 이처럼 우리가 숨을 쉬고, 밥을 먹고, 잠을 자는 데는 모두 기본적인 동기와 수요가 존재한다. 그렇지 않으면 우리는 살아갈 수 없기 때문이다. 마찬가지로 인간의 모든 행동에는 동기가 있고, 그 동기는 '수요'에서 비롯된다.

　동기를 연구하는 데 관심을 갖는 것은 비단 심리학자만이 아니다. 선생님, 학부모, 경영인도 어떻게 하면 '동기'를 부여할 수 있을지 알고 싶어 한다. 선생님은 학생들이 동기를 가지고 열심히 공부하길 바라고, 학부모는 자식이 동기를 가지고 훌륭한 사람으로 성장하길 바라며, 경영인은 직원들이 동기를 가지고 열심히 일하길 바란다. 자신의 동기를 파악하여 게으름을 극복하고 스스로 발전할 수 있다면, 이로써 즐겁고 풍족하고 자유로운 인생을 살 수 있다면 이 얼마나 멋진 일인가?

당근과 채찍

사람들이 어떤 행동을 하도록 동기를 제공하는 일을 '동기부여'라고 한다. 동기부여 방식에는 두 가지가 있는데, 하나는 '보상'이고 다른 하나는 '벌칙'이다. 목표를 달성하면 보상을 주고, 목표를 달성하지 못하면 벌칙을 주는 것이다. 이는 가장 전통적인 동기부여 방식으로, 심리학자들은 이를 '조작적 조건화(Operant Conditioning)'라고 부른다. 좀 더 직접적으로 말하자면 '당근과 채찍'을 이용한 관리 방법인 셈이다.

나귀가 수레를 끌도록 만들기 위해 나귀 앞에 당근을 매달고, 한 손에는 채찍을 든 농부의 모습을 상상해보자. 나귀는 눈앞의 당근을 먹겠다는 생각에 앞으로 나아갈 것이다. 힘은 드는데 좀처럼 당근을 먹지 못해 기분이 나빠진 나귀가 걸음을 멈춘다면, 농부는 나귀에게 채찍을 휘두를 것이다.

"안 움직이겠다 이거지? 그럼, 맞아야지!"

어떤 이들은, 인간은 동물과 마찬가지로 고통을 피해 향락을 추구하려는 성향을 가지고 있어서 게으름 피울 상황이 오면 바로 널브러진다고 말한다. 그런 까닭에 '착하게 약속을 지키면 상으로 네가 원하는 것을 들어주겠지만, 비협조적으로 나온다면 네게 필요한 물건을 가져가 고통을 주겠어' 하는 식의 방법이 등장했다고 한다. 그런데 이러한 '당근과 채찍' 방법이 과연 효과 있을까?

물론 '보상'과 '벌칙'은 효과가 있다! 그러나 일시적이라면 모를까, 평생 그 효과가 유효하지는 않다. 보상과 벌칙이 사라지면 동력 또한 사라질 테니까 말이다. 통제를 받는 쪽이 "이젠 지긋지긋해!"라고 말한다면 더 많은 보상을 제공하거나 벌칙을 늘릴 수밖에 없다. 그러나 벌칙과 보상에는 한도가 있어서 이를 넘어서면 상대는 물론 자신까지 다치게 된다.

심리학 연구에 따르면, 보상과 벌칙에도 부작용이 존재한다. 보상 없이도 원래 열심히 일하던 사람에게 보상을 제공하기 시작하면 오히려 그의 동기를 꺾는 역효과가 발생하는데, 이러한 현상을 '과잉정당화효과(Overjustification Effect)'라고 한다. 또 때로는 벌칙에 대한 경고가 오히려 더 실수를 하고 싶게 만들기도 한다. '그래봐야 벌칙받는 건데, 조금만 참으면 지나가겠지!'라는 생각을 하게 되기 때문이다. 그러므로 당근과 채찍을 이용해 동기를 부여하는 방법은 결코 최선책이라고 할 수 없다.

인생 피라미드

좀 더 현명한 동기부여 방법을 찾으려면 인간이 가진 다른 동기와 수요를 먼저 이해할 필요가 있다. 심리학의 대가 에이브러햄 매슬로(Abraham Harold Maslow)의 가장 큰 업적은 인간

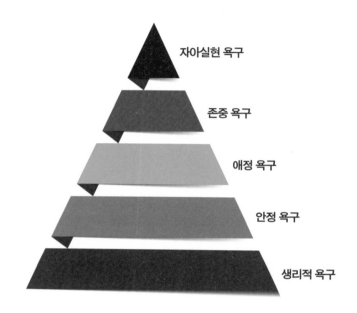

자아실현 욕구

존중 욕구

애정 욕구

안정 욕구

생리적 욕구

의 욕구를 몇 개의 단계로 나눈 데 있다. 일명 매슬로의 '욕구 단계 이론'에 따르면 가장 하위단계에 '생리적 욕구'가 존재한다. 매슬로는 인간 또한 동물처럼 먹고, 마시고, 자는 것에 대한 기본적 욕구를 가지고 있으며, 이 욕구가 충족되면 '안정 욕구'를 가지게 된다고 보았다. 나쁜 사람이 집에 쳐들어오지는 않을지, 무방비로 누군가에게 공격받지 않을지를 걱정하며 자신이 속한 환경이 안전하길 바라면서 자신과 가족을 보호하려 한다는 것이다.

한편 매슬로는 자신이 잘 먹고, 잘 자고, 안전하다고 느끼면 주변 사람을 신경 쓰며 타인이 나를 좋아해주길 바라게 되는 것이 인간이라고 보았다. 자신과 함께 상호작용을 하며 기댈 수 있는 친구나 소속을 바라게 되는 것인데, 이게 바로 세 번째 단계에 있는 '애정 욕구'다. 이 위 단계에는 다른 사람에게 인정받으려는 '존중 욕구'가 존재한다. 예컨대 선생님과 반 친구들의 신임을 얻어 학급 임원이 되고자 하는 마음이 존중 욕구에 해당한다. 그리고 이 한 단계 위에 인간의 최상위 욕구가 존재한다. 건강과 안전, 소속감에 대한 욕구가 충족되고 다른 사람에게도 존중받으면 인간은 자신의 꿈을 좇기 시작하는데, 이러한 욕구를 '자아실현 욕구'라고 한다.

사람들은 매슬로의 욕구단계 이론을 진리로 여겼다. 그러나 이 이론이 모든 인간의 동기를 설명할 수 있을까? 그럴 수 없다! 예를 들어보자. 인간은 왜 노는 것을 좋아할까? 어떤 욕구를 만족하기 위함일까? 노는 것이 음식과 안전을 가져다줄까? 우리에게 소속감을 주고, 존중받고 있다고 느끼게 할까? 모두 아닐 것이다. 그럼에도 인간은 왜 그렇게 노는 것을 좋아할까? 심리학자들은 인간이 노는 것을 좋아하는 데 세 가지 원인이 있음을 발견했다.

그 첫째는 바로 '자유로움' 때문이다. 모두가 놀 때만큼은 자신의 행동을 결정할 수 있는데, 모두가 이러한 자유로움을 갈망한 것이다.

둘째는 '통제감' 때문이다. 사람이 처음부터 잘하는 일은 없다. 걸음마나 자전거를 배우기 시작할 때처럼 조금씩 익숙해지고 그렇게 점차 숙련되는데, 인간은 이 과정을 통제하는 느낌을 좋아했다.

셋째는 '신선함' 때문이다. 신선함은 감각기관에 매우 매력적인 자극이었고, 인간은 누구나 신선한 일과 경험을 좋아했다.

놀기 좋아하는 힘 활용하기

당신이 놀기 좋아하는 이유는 이 중 어디에 해당하는가? 이는 괜히 하는 질문이 아니다! 놀기 좋아하는 힘에 끊임없이 발전하려는 마음을 더하면 이것이 바로 '내적 동기'가 될 수 있기 때문이다. 내적 동기란 순수하게 어떤 일이 재미있어서 더 잘해내고자 하는 마음을 말한다. 이는 '외적 동기'와 다르다. 외적 동기는 어떤 일을 잘해냈을 때 받는 칭찬을 위해, 즉 남들이 나를 대단하게 생각하도록 만들기 위해 행동하는 것을 말한다. 일을 제대로 하지 못해 벌칙을 받을까 봐, 모든 사람이 그 일을 하는데 자신이 하지 않으면 뒤처질까 봐, 또는 체면이 서지 않을까 봐 등등의 걱정하는 마음도 외적 동기에 해당한다. 이러한 외적 동기가 생기는 진짜 이유는 우리 자신이 아닌, 다른 사람에게서 비롯한다.

내적 동기가 특별한 이유는 누군가가 나를 지켜보지 않아도,

보상이나 벌칙이 없어도, 누군가와 겨루지 않아도 여전히 그 일을 하게 만든다는 데 있다. 흩어진 조각들이 완벽한 그림으로 되어가는 과정 때문에 퍼즐을 좋아하는 것처럼, 혹은 자신의 두 발을 자유자재로 움직일 때의 쾌감이 좋아 축구를 좋아하는 것처럼 말이다. 이러한 느낌은 다른 사람이 내게 보상을 제공하지 않아도 얼마든지 느낄 수 있다. 느낌 자체가 바로 보상이기 때문이다. 스스로 발전을 추구할 수 있기에 다른 사람의 인정은 필요하지 않은 것, 이게 바로 내적 동기다.

사람마다 내적 동기는 다 달라도 이것만은 단언할 수 있다. 내적 동기를 가지면 쉽게 행복감을 느낄 수 있다. 무엇보다 자신의 내적 동기를 끌어올려 학업이나 일에 활용하면 놀라운 성과를 거둘 수 있다.

공부를 놀이로 만들자

공부가 게임처럼 재미있다면 공부를 더 사랑하게 되지 않을까? 어떤 심리학자가 연구 개발한 방법 중 '게임화(Gamification)'라는 것이 있다. 학업과 일을 더 재미있게 만들어 인간에게 내적 동기를 부여하는 방법인데, 특히 선생님들에게 이 '게임화'의 개념 활용을 해보길 권한다. 게임 스테이지처럼 수업을 설계해 학생들의 도전을 유도하고, 학생들 스스로 발전

해나가고 있다는 느낌을 받을 수 있도록 '포인트'를 적용해보는 것이다. 그럼 아마 모든 학생이 이런 학교에 다니고 싶어 하지 않을까?

어떤 이는 이런 말을 할지도 모른다.

"공교롭게도 꼭 해야 하는 일들은 거의 재미가 없더라고요. 그렇다고 안 하면 벌을 받거나 욕을 먹으니, 안 할 수도 없고요!"

맞는 말이다. 우리 인생에는 하고 싶지 않지만 반드시 해야 할 수많은 일이 있다. 무엇을 배우든 꼭 난관에 부딪히고, 시간이 가면 신선함을 잃게 마련이며, 지루함에 몸부림치는 때가 찾아온다. 그리고 확실히 이럴 때는 우리를 멈추지 않고 나아가게 할 외적 동기가 필요하다.

그러나 자신만의 내적 동기나 진정으로 가치 있는 일, 유의미한 일을 찾으면 외적 동기 없이도 더 나은 결과를 위해 스스로 노력한다. 그렇게 되면 매슬로는 이렇게 말하지 않을까?

"하하! 당신은 자아실현을 했군요!"

부디 자기 자신을 더 잘 이해하여 스스로 내면의 힘을 찾길 바란다.

생각 연습

① 자신이 정말로 좋아해서 아무 보상 없이도 기꺼이 할 수 있는 일은 무엇인가?

② 공부가 지루해질 때 멈추지 않고 꾸준히 해나갈 수 있도록 스스로 당근을 마련해 자신을 격려해보자.

Chapter 05
언어: 언어를 배우는 요령

> "
>
> 언어는 소통의 도구다.
>
> 시험지상의 문제로만 존재하는 것이 아닌 만큼,
>
> 항상 이를 사용해야 함을 잊지 말자.
>
> "

한국어를 갓 배우기 시작한 외국인들이 흔히 토로하는 고충이 있다. 바로 존댓말과 반말을 구분하는 '경어체' 때문에 자주 실수하게 된다는 것이다. 이뿐만 아니라 한자어가 많은 한국어의 특성상 '3연패'라고 하면 '세 번을 연달아 우승했다(連覇)'는 뜻인지, '세 번을 연달아 패배했다(連敗)'는 뜻인지 아리송한데, 이런 단어가 한두 개가 아니라고도 말한다.

물론 모국어가 한국어인 한국 사람이라면 기억이 있을 때부터 자연스럽게 한국어를 알아듣고, 또 말할 수 있었을 것이다. 학교에서 글 쓰는 법도 배우고 속담과 사자성어도 배웠겠지만, 기본적으로 한국어라면 듣기·말하기·읽기·쓰기를 무리 없이 해냈을 것이다. 그렇다면 우리는 어떻게 언어를 배우게 되었을까?

옹알이로 엄마를 부르다

태어나서 처음으로 배우는 언어를 '모국어'라고 한다. 그런데 아기는 대체 어떻게 모국어를 배우는 걸까? 먼저 엄마와 아기가 어떻게 상호작용을 하는지부터 생각해보자.

엄마는 아기를 품에 안고 아기의 얼굴을 바라보며 줄곧 이렇게 말한다.

"엄마, 엄마."

아기는 "아"라는 소리를 낼 뿐이지만, 그래도 엄마는 인내심을 가지고 아기를 토닥이며 "엄마, 엄마"라는 말을 가르친다.

그런데 사실 '엄마'라는 단어만큼 발음하기 쉬운 것도 없다. 아직 이가 나지 않은 아기라도 입술을 붙였다 떼기만 하면 자연스럽게 '엄마'와 비슷한 소리를 낼 수 있기 때문이다. 그래서인지 전 세계 거의 모든 언어에서 '모친'을 뜻하는 단어의 발음은 모두 'Mama'와 비슷하다.

요컨대 우리는 '엄마, 아빠'를 시작으로 우리 주변의 모든 것에는 이름이 있으며, 모든 동작에도 이를 대표하는 소리가 있음을 깨닫는다. 그리고 주변 사람들이 내는 소리에 의미를 두기 시작한다. 이렇게 말을 알아듣고, 말을 할 줄도 알게 되는 것이다.

동물도 소리를 내어 서로를 부르고, 심지어 마코앵무는 인간의 말소리를 모방하기도 한다. 내가 어린 시절에 키운 청머리앵무도 그랬다. 나는 녀석에게 온종일 말을 걸었지만, 녀석이 할 줄 아는 말은 단 한마디 'Hello'뿐이었고 이마저도 녀석의 기분이 좋을 때만 들을 수 있었다. 그런데 사실 인간의 말을 모방할 줄 아는 동물이라고 해서 정말로 말을 할 줄 아는 것은 아니다. 소리를 내기는 하지만 그 안에 담긴 의미를 알지 못하기 때문이다. 문법을 사용해 의미 있는 언어를 구성할 줄 아는 것은 사람뿐이다.

언어는 우리가 하는 말과 쓰는 글의 통칭으로, 인간의 소통 수단이다. 이러한 언어를 전문적으로 연구하는 사람들을 '언어학자'라고 부른다. 이들은 '언어가 어떻게 발전했고 어떻게 변화했는가?', '타 언어와 같은 점은 무엇이고 다른 점은 또 무엇인가?' 등을 연구한다. 심리학자 중에도 전문적으로 언어를 연구하는 '언어심리학자'가 있는데, 이들이 관심을 갖는 문제에는 '언어가 인간의 생각에 미치는 영향'과 '생각이 언어가 되는 과정' 그리고 이보다 더 기본적인 것 '인간은 어떻게 언어를 배우는가?'가 포함되어 있다.

오묘한 언어

인간의 언어 사용 능력은 정말로 굉장하다. 이는 라디오를 들을 때만 봐도 알 수 있다. 라디오에서는 보통 화자가 보이지 않는다. 스피커에서 그저 소리만 흘러나올 뿐이다. 그렇다면 온갖 잡다한 소리를 어떻게 유의미한 문장으로 전환할 수 있는 걸까? 이는 성능 좋은 컴퓨터만 가능한 작업일 듯하지만, 사실 인간에게도 식은 죽 먹기만큼 쉬운 일이다.

아마 글자를 하나하나씩 끊어 애매하게 소리를 내도 십중팔구는 알아들을 것이다. 우리는 그저 '소리가 들리는 대로' 글자 하나하나를 판단하는 것이 아니라 앞뒤의 문장이나 단어에 따라 말의 전체 의미를 추측하기 때문이다.

상대가 무슨 말을 하는지 이해하고 그에 적절한 응답을 하는 것만도 매우 복잡한 일이다.

'겨울이니까 입을 수 있는 만큼 입어.'

'여름이니까 입을 수 있는 만큼 입어.'

이 두 문장에서 '입을 수 있는 만큼 입어'라는 말은 같은 뜻일까? 다르다면 어떻게 다를까? 다르다는 사실은 어떻게 알 수

있을까?

한국어를 갓 배우기 시작한 외국인이라면 이렇게 대답할지도 모른다.

"저 한국어 안 배울래요. 너무 어려워요!"

그런데 사실 한국어가 어렵게 느껴지는 이유는 한국어가 정말 어려워서가 아니라 어려서부터 배우지 않으면 이해하기 힘든 일부 문법적 특징 때문이다. 영어도 마찬가지다. 모든 언어는 나름의 독특한 특징을 가지고 있는데, 그 특유의 오묘한 규칙은 해당 언어를 모국어로 사용하는 사람만이 느낄 수 있다.

외국어 공부는 어릴 때부터

언어학자들은 말한다. 어려서부터 외국어를 접하지 않은 사람은 커서 그 언어를 배운다고 해도 해당 언어의 미세한 소리 차이를 분간해내기 어렵지만, 어려서부터 그 언어를 사용한 사람은 소리의 차이를 분명하게 느낀다고 말이다.

외국어 공부는 일찍 시작할수록 좋다고 말하는 이유는 바로 이 때문이다. 사춘기 이전 인간의 뇌는 새로운 언어를 마치 모국어처럼 받아들인다. 그러나 사춘기에 접어든 후로는 이러한 능력이 크게 떨어지는데, 이는 '언어 습득의 결정적 시기'가 지났기 때문이다.

언어 습득의 결정적 시기에 관한 연구 중 사람들에게 널리 알려졌지만 참 안타까운 사례가 하나 있다. 그 사례의 주인공은 지니라는 미국 소녀인데, 그녀의 아버지는 매우 폭력적이고 변태적인 사람이었다. 그녀의 아버지는 태어난 지 얼마 되지 않은 그녀를 어두운 작은 방에 가두고 다른 사람과의 소통을 철저히 차단했다. 아버지인 자신조차 딸과 대화를 나누지 않았다. 그렇게 그녀는 13년간 방에 갇혀 지내며 그 누구와도 접촉하지 못한 채 범죄자보다도 더 고립된 삶을 살았다.

세상과 단절된 채 13년이 흐른 어느 날, 불행 중 다행으로 지니는 구출되었다. 하지만 바깥세상을 접해본 적도, 다른 사람과 이야기를 나눠본 적도 없던 까닭에 그녀는 언어 능력을 완전히 상실한 상태였다. 게다가 오랜 세월 갇힌 탓에 걸음도 제대로 걷지 못할 만큼 심각한 영양실조에 걸려 있었다.

언어학자들에게도 지니 같은 사례는 처음이었다. 인간이라면 세상에 태어나 어른에게 보살핌을 받고, 다른 사람들과 상호작용하면서 어느 정도 언어를 습득하는 것이 보통인데 그녀는 전혀 그러지 못했기 때문이다. 그녀는 13세가 되어서야 '모국어'를 배우기 시작했다. 그러나 오랜 훈련을 통해 일부 단어를 학습했을 뿐, 그것들을 조합해 문장으로 만들지는 못했다. 다시 말해서 언어를 학습하는 데는 실패한 것이다.

중국어로 수학을 푸는 게 빠르다

언어가 사람의 심리에 영향을 줄까? 물론 그렇다. 함부로 남을 욕하지 말고, 상스러운 말을 입에 담지 말라고 하는 이유도 바로 여기에 있다. 우리가 입 밖으로 낸 언어는 다른 사람의 기분에 직접적인 영향을 준다!

연구 결과에 따르면, 어른의 모든 말을 이해하지 못하는 어린아이도 '말투'의 영향을 받는다고 한다. 즉, 집에서 화를 내거나 싸우는 듯한 말투를 자주 듣는다면 그 말이 누구를 향한 것이든 아이에게는 스트레스가 된다는 뜻이다. 따라서 되도록 소리를 지르지 말고, 할 말이 있으면 좋은 말로 도란도란 이야기해야 한다.

언어심리학자들은 어떤 언어를 사용하느냐에 따라 사고방식도 달라진다고 말한다.

나는 미국에서 자란 탓에 대부분의 일을 영어로 생각한다. 하지만 암산할 때만큼은 습관적으로 중국어를 사용한다. 왜냐? 중국어로 숫자를 세는 것이 빠르기 때문이다. 나와 같은 사례에 주목한 일부 학자는 그래서 중국어를 사용하는 사람이 영어를 사용하는 사람보다 수학 문제를 더 빨리 푸느냐고 묻는다면 확실히 그럴 수 있다고 말한다.

한편, 언어에 따라 주변 사람이나 사물을 대하는 느낌도 달라진다.

중국어에는 '你(니)'와 '您(닌)'이 있다. 연장자나 존경하는 사람에게는 '닌'을, 또래나 후배에게는 '니'를 사용한다. 하지만 영어에는 'you'라는 표현이 있을 뿐, 존경이나 친숙함의 구분이 없다. 어떤 언어학자들은 이것이 사람과 사람 사이의 예의를 중시하는 중국 문화를 반영한다고 말한다. 어려서부터 쭉 중국어를 사용해온 사람은 자연스럽게 모든 사람을 '니'와 '닌' 두 계층으로 나누지만, 어려서부터 영어만 사용해온 사람은 이러한 계층 관념이 모호한 편이라는 것이다.

유럽에서는 많은 언어가 명사를 '남성 명사'와 '여성 명사'로 나눈다. 예컨대 '교량'의 경우 독일어에서는 여성 명사지만 스페인어에서는 남성 명사다. 모든 걸 성별로 나누는 것이 문법인 셈이다.

흥미로운 점은 독일 사람과 스페인 사람에게 자신이 생각하는 '교량'의 이미지를 묘사해달라고 하면, 독일 사람은 '아름다운', '우아한' 등 여성성이 강한 단어로 묘사하는 반면, 스페인 사람은 '견고한', '탄탄한' 등 남성성이 강한 단어로 묘사한다는 사실이다. 이는 사용하는 언어에 따라 교량에 대한 기본적 인식이 다름을 보여준다.

우리가 매일 하는 말과 사용하는 글이 정말 우리의 생각에 영향을 주고 있는지 한번 생각해보자. 언어에 따라 다른 사고방식을 갖게 되는 것, 이를 '언어 상대성(linguistic Relativity)'이라고 한다.

현재 외국어를 배우고 있다면 그 언어가 무엇이든 조기교육을 받지 않은 이상 모국어처럼 간단하고 자연스럽게 구사하기란 현실적으로 어려운 일이다. 그 나라로 거처를 옮겨 주변에 모국어를 할 줄 아는 친구가 하나도 없는 환경에 놓일 때, 다시 말해서 '몰입형 학습(Immersive Learning)'이 가능한 상황을 제외하면 말이다.

그렇다면 원어민 같은 외국어 실력을 목표로 하는 사람은 진즉 목표를 접어야 할까? 물론 그렇지 않다. 자신에게 몰입형 학

습 환경을 제공할 수 없는 상황이라도 어떤 언어든 '쓸수록 는 다'는 사실은 변함없는 진리이기 때문이다. 단순히 단어를 외우는 것만으로는 부족하다. 항상 그 언어를 사용해야 능통하게 구사할 수 있다. 언어는 소통의 도구이지, 시험지상의 문제로만 존재하는 것이 아님을 잊지 말자.

'언어 상대성'에 따르면 우리가 하는 말이 어떤 일에 대한 견해에도 영향을 주는데, 여기에는 우리 자신에게 하는 말도 포함된다.

그런 의미에서 이런 조언을 건네고 싶다. 예컨대 평소 "숙제를 해야 해", "피아노를 연습해야 해"라고 말하는 편이라면 '해야 해'를 '해야지'로 바꿔 "숙제해야지", "피아노를 연습해야지"라고 말해보는 것이다. '해야 해'에는 '반드시'라는 뜻이 포함되어 있어서 내게는 달리 선택의 여지가 없는, 약간의 강제성을 띤 말이라고 할 수 있다. 반면, '해야지'에는 자신의 생각과 의지가 담겨 있다.

작은 표현의 차이지만 느낌의 차이는 그야말로 확연하지 않은가? 이런 식으로 계속 표현을 달리하다 보면 좀 더 능동적인 사람으로 거듭날 것이다!

생각 연습

① 가장 처음 배운 단어가 무엇인지, 말을 배우느라 옹알이할 때 있었던 재미난 에피소드는 무엇인지 부모님과 이야기를 나눠보자.

② 제2외국어를 배우고 있다면, 이 글이 외국어 학습에 도움 되었는가?

③ 부모님과 이야기를 나눌 때 말투에 신경 써보자. 말투가 달라지니 결과가 달라지지 않던가?

Chapter 06
재능: 당신은 어떤 지능이 발달한 사람인가?

정말 똑똑한 사람은

자신의 지혜로 문제를 해결하고 이 세상을 돕는다.

당신이 아는 사람 중 가장 똑똑한 이는 누구인가? 왜 그 사람이 똑똑하다고 생각하는가? 예로부터 '똑똑함'에 대한 사람들의 견해는 참으로 다양했다. 그렇다면 대체 똑똑함이란 무엇이며, '지능'이란 또 무엇일까? 일단 지능검사법이 어떻게 발명되었는지부터 알아보자.

1881년, 프랑스 정부는 모든 아이가 학교에 다닐 수 있도록 의무교육을 시행했다. 그런데 미처 생각지 못한 문제점이 있었다. 바로 같은 연령의 아이일지라도 똑똑한 아이가 있는가 하면, 학습이 느린 아이가 있다는 것이었다. 모두가 이해해야 할 수업 내용을 소화하지 못하는 아이가 더러 있다 보니 학급의 전체 진도가 늦어졌고, 이에 교사들은 지능발달이 더뎌 더 많은 보살핌이 필요한 아이를 찾아낼 필요가 있다고 느꼈다. 결국 관련 검사법을 개발하는 임무는 심리학자 알프레드 비네(Alfred Binet)에게 맡겨졌다.

그렇다면 비네는 어떻게 지능검사법을 만들어냈을까? 그는 두 딸을 키우면서 얻은 경험을 바탕으로 연령에 따라 아이의 지능이 발달한다는 사실을 깨달았다. 이에 그는 아주 간단한 문제부터 어려운 문제까지 다양한 난이도 문제를 준비해 각기 다른 연령대의 아동을 대상으로 테스트한 다음 결과를 집계했다. 각 연령대의 아동들이 평균적으로 어떤 문제의 답을 맞혔는지를 중점으로 '기준'을 잡을 수 있도록 말이다. 예를 들어 올해 8세의 아동이 8세 수준의 문제들을 맞혔다면 그 아동은 '표준 지능'을 가진 것이고, 10세 아이가 답할 수 있는 문제까지 맞혔다면 높은 지능을 가진 셈이었다. 반대로 올해 8세의 아동이 6세 수준의 문제까지만 답을 맞혔다면 학습 속도가 느려 특별지도를 해야 할 것으로 보았다.

지능검사의 흑역사

지능검사를 실시하면서 비네는 교사들에게 말했다.

"검사 결과 아이의 지능이 낮게 나왔다고 하여 그 아이가 평생 바보로 살아갈 것이라는 생각은 하지 말아주세요."

지능발달이 늦는 아이라 할지라도 특수교육을 통해 또래의 수준을 따라갈 수 있도록 만들 수 있으며, 그렇게 만드는 것이 지능검사의 목적이라는 뜻이었다.

그러나 모든 사람이 지능검사를 활용해 약자를 도우려 한 것은 아니었다. 지능검사 결과를 이용해 사람에게 제한을 두거나 차별하려는 이도 있었다.

우생학(유전학의 한 분야로, 유전 법칙을 응용해 인간 종족의 개선을 연구하는 학문. 인종개량학이라고도 함)을 연구한 과학자 헨리 고더드 (Henry Herbert Goddard)는 특별히 지적 능력이 뛰어난 사람들이 있다고 믿으며 그들의 출산을 장려한 한편, 지적 능력이 떨어지는 사람은 아이를 낳지 못하도록 해야 한다고 주장했다. 하지만 그의 주장대로 하는 것이 과연 공평할까? 당연히 불공평한 처사다! 당시 고더드는 지능검사 문항을 영어로 번역하여 미국의 학교에서는 물론 당시 미국으로 건너온 이민자들과 제1차 세계대전으로 밀려온 난민들에게까지 지능검사를 실시했다. 그 결과 '지능이 낮다'고 판명된 사람은 미국 입국이 불허되거나 환경이 열악한 지역으로 보내졌다. 이렇게 지능검사가 남용된 어두운 역사가 있었기에 지금의 교육자들은 지능검사에 대하여 신중한 태도를 보이고 있다. 더 이상 지능검사가 남용되어 인간을 차별하고, 인권을 침해하는 도구로 전락하는 것을 바라지 않기 때문이다.

하버드대학교의 교수 하워드 가드너(Howard Gardner)는 다년간의 연구 끝에 인간의 지능을 여덟 가지로 정리했다. 그는 여덟 가지의 지능 모두가 특별한 능력이라며, 각자의 강점을 찾아 이를 전문적으로 발전시킨다면 사회의 각 분야에서 두각을 나타내는 인재가 될 수 있다고 주장했다. 그가 말한 여덟 가지 지능은 다음과 같다.

- 논리수학지능: 일반적으로 IQ라고 믿는 지능이 바로 이 논리수학지능이다. 이 지능이 높은 사람은 보통 이공계열 과목에 강점을 보인다. 엔지니어, 과학자, 재무분석가 등이 되기에 적합하다.
- 언어지능: 언어지능이 높은 사람은 말재주와 글솜씨가 뛰어나다. 작가, 기자, 편집인 등이 되기에 적합하다.
- 공간지능: 공간을 구성하고 활용하는 능력이 발달한 사람은 공간지능이 높은 경우에 해당한다. 이 지능이 높은 사람은 건축가나 공간디자이너가 되기에 적합하다.
- 음악지능: 음악 한 곡을 몇 번만 들어도 그 멜로디를 기억하거나 복잡한 리듬을 만들어낼 수 있는 능력을 말한다. 음악지능이 높은 사람은 음악가가 되기에 가장 적합하다.
- 신체운동지능: 자신의 몸을 정확하게 제어해 각종 문제를 해결할 수 있는 능력을 말한다. 신체운동지능이 높은 사람은 무용가, 운동선수, 배우가 될 수 있다. 또한 외과의사가 되는 경우에도 이 지능을 활용할 수 있다.
- 대인관계지능: 남들보다 눈치가 빨라 타인들과 관계를 맺고, 그들의 생각과 감정을 이해하는 데 뛰어난 사람들이 대인관계지능이 높은 경우에 해당한다. 이 지능이 높은 사람은 비즈니스맨, 외교관, 교사 등의 직업에 종사하기 적합하다.

- 자기성찰지능: 자신의 마음과 감정을 예민하게 파악하고 표출하는 능력을 말한다. 자기반성 능력이 뛰어난 것도 자기성찰지능이 높은 사람이 가진 특징 중 하나다. 예술가, 철학자, 심리학자 등이 되기에 적합하다.
- 자연탐구지능: 이 지능이 높은 사람은 각종 화초를 분별하고 식물을 기르거나 동물과 교감하는 일에 특별한 능력을 보인다. 자연환경 속에서 자유를 느끼고 활력을 얻기도 한다. 자연탐구지능은 최근에서야 정의된 지능이지만, 가드너는 이것이 인간의 가장 원초적인 지능일 수 있다고 지적한다. 자연탐구지능이 높은 사람은 농업, 환경, 생물학 등 분야에서 두각을 나타낼 수 있다.

당신이 정통한 재주는?

이 여덟 가지 지능 중 당신은 몇 가지 지능을 가지고 있는가? 사실 누구나 이 여덟 가지 지능을 모두 가지고 있다. 다만 고루 뛰어나지 않을 뿐이다. 우리 모두 운동할 줄 알고 사지를 움직일 능력을 가지고 있지만, 흔히 운동신경이 남다르다고 일컬어질 만큼 유난히 손발이 잰 사람들이 있는 것처럼 말이다. 이제는 이 역시 머리를 써야 하는 능력임을 알았으니, 엄밀히 말하면 운동신경이 유난히 좋은 그들을 '사지가 발달하고 운동지능은 더욱 뛰어난 사람'이라고 해야겠지만 말이다.

요컨대 우리는 이 여덟 가지 지능을 가지고 있지만, 어떤 지능은 특별히 높은가 하면 비교적 낮은 지능도 있다. 달리 말해서 자신의 어떤 지능이 또래에 비해 월등히 뛰어나다면 이를 집중적으로 개발해 전문 수준으로 끌어올릴 수 있다는 뜻이다.

교육자들이 제창하는 '아이의 재능 발굴'을 위해서는 책 내용 암기나 무조건적인 지식 주입이 아니라 다양한 활동을 통해 관찰하고 자유롭게 생각할 수 있는 여지가 필요하다. 자신의 주요 지능과 취미를 발굴하고 그 지능을 진정한 강점으로 키워야 한다.

모든 재주에 정통할 필요는 없다. 자신의 강점지능을 키우는 데 공을 들여 더 많은 성과를 내고 자신감을 쌓아가는 것! 평생 사용할 수 있는 능력이란 바로 이런 것이다.

타고난 재능 더하기 노력

'업종마다 장원이 나온다(行行出壯元)'라는 옛말이 있다. 어떤 분야든 그 분야의 장원이 되려면 최선을 다해 노력해야 한다는 뜻이다. 이와 같은 맥락으로 나는 '천재는 1%의 영감과 99%의 노력으로 만들어진다'는 말을 참 좋아한다. 타고난 재능이 아무리 뛰어나다고 해도 꾸준한 노력이 없다면 언젠가는 다른 누군가에게 추월당할 수 있기 때문이다. 실제로 우리가 보는 이른바 성공 인사의 업적은 모두 그들의 재능에 노력을 더해 만들어낸 결과물이다.

그렇다면 어떻게 해야 타고난 자신의 재능을 찾을 수 있을까? 가장 좋은 방법은 다양한 체험과 공부를 해보는 것이다. 동아리 활동에 참가하고, 여행을 가고, 다른 배경을 가진 다양한 친구를 사귀는 등등 이런 일을 통해 새로운 것을 배우고 다른 생각을 가질 수 있을 테니까 말이다. 많이 배울수록 경험이 쌓일뿐더러 자신이 잘하는 일이 무엇인지를 발견할 확률이 높아지는데, 자신이 잘하는 그 일에 십중팔구 재능을 가지고 있을 가능성이 크다.

지능에 여러 종류가 있는 만큼, 세상에는 다양한 유형의 똑똑한 사람이 존재한다. 그런데 똑똑한 게 과연 무슨 소용이 있을까? 나는 정말 똑똑한 사람이란 자신의 지혜로 문제를 해결하고, 이 사회와 인류와 지구를 도울 수 있는 인물이라고 생각한다. 부디 당신도 자신의 재능을 찾아 지능을 개발하고 나아가 이 세계에 이바지하는 '똑똑한 사람'이 되길 바란다!

생각 연습: 재미로 보는 IQ 테스트 맛보기

IQ 테스트를 어떻게 하는지 궁금하다면 다음 문항에 답해보자.

① 49, 45, 41, 37, 33, 이다음에 올 숫자는?
② '연필'과 '글씨 쓰기'의 관계는 흡사 '가위'와 무엇의 관계
와 같은가?
    A. 그림 그리기   B. 공작   C. 바위   D. 자르기
③ 5대의 재봉틀로 5분 동안 5벌의 옷을 재봉했다면, 100대의
재봉틀로 100벌의 옷을 재봉하는 데는 몇 분의 시간이 걸릴까?

위의 세 문항은 IQ 테스트에 나올 법한 유형의 문제이다. 실제
로 대부분의 IQ 테스트는 수학, 언어, 논리 추론에 관한 능력을
평가할 수 있는 문제가 주를 이룬다. 사고 능력을 평가할 수 있
는 문제는 약간 추가된 정도다. 그런 까닭에 일부 심리학자는
이러한 IQ 테스트를 유일한 기준으로 삼아서는 안 된다고 주
장한다. 일반적으로 공식적인 IQ 테스트를 완료하려면 반나절
정도의 시간이 걸리며 전문가의 협조 아래 분석이 이뤄져야 한
다. 인터넷상에서 단 몇 분으로 끝낼 수 있는 게 아닌 것이다.

해답:

①번 문제의 답은 29이다. 모든 숫자가 앞의 숫자보다 4씩 줄어들고 있다.

②번 문제의 답은 D이다.

③번 문제의 답은 5분이다. 생각해보라! 5대의 재봉틀로 5벌의 옷을 재봉하는 데 5분이 걸렸다면 재봉틀 1대로 옷 1벌을 재봉하는 데 몇 분이 걸릴까? 5분이다. 그렇다면 100대의 재봉틀로 100벌의 옷을 재봉하는 데는? 여전히 5분이 걸린다.

Chapter 07
실험: 과학자에게 사고하는 법 배우기

"

과학은 실험을 통해 진실을 찾고,
눈으로 볼 수 있는 측정 가능한 결과를 강조하는 학문이다.

"

어린 시절 한 번쯤 부모님께 이런 말을 들어봤을 것이다.

"우유를 많이 마셔야 키가 쑥쑥 크지."

그런데 정말 그럴까? 어떤 친구들은 우유를 못 마셔도 키가 큰데, 이는 어떻게 설명할 수 있을까? 사람들은 항상 우유와 아이의 성장발육을 한데 묶어 생각한다. 이는 그동안 여러 관련 연구를 통해 우유를 마신 사람의 키가 비교적 큰 편이라는 사실을 발견했기 때문이다. 그런 까닭에 우유가 성장기에 필요한 단백질과 칼슘을 제공해 키 크는 데 도움 될 수 있다는 추론을 하게 된 것이다.

뉴스에 과학자들의 '연구'를 통해 입증되었다는 말이 자주 등장하는데, 연구란 대체 무엇일까? 우리가 과학자들의 말을 믿는 이유는 무엇이며, 그들의 연구 방법은 왜 우리에게 믿을 만한 답을 줄 수 있는 것일까? 우리도 과학자의 정신을 발휘해 '과학실험'적 사고방식을 배워보자!

탐정처럼 쫓고 또 쫓기

과학은 '실험'을 통해 진실을 찾아내려는 학문이다. 따라서 우리가 눈으로 볼 수 있는, 측정 가능한 결과를 중시한다.

실생활에 밀접한 예를 들어 설명하자면 이렇다. 평소 밤에 잠을 잘 자던 사람이 갑자기 일주일 동안 매일 밤 뒤척이며 잠을 이루지 못한다면? 분명 그 원인을 찾고 싶을 것이다. 이때 당사자는 이번 주에 평소와 달랐던 일이 있었는지 떠올릴 것이다. 어쩌면 그 일이 잠 못 이루는 원인일지도 모른다면서 말이다.

그런 다음 원인일지도 모를 일들을 나열할 것이다. '낮잠 때문에', '요즘 날씨가 너무 덥기 때문에', '시험 준비에 따른 스트레스 때문에' 등등……. 이렇게 관찰을 통해 원인일지도 모를 일들을 나열하는 것을 '가설'이라고 한다.

이제 세 가지 가설을 세웠으니, 하나하나 테스트해볼 차례다. 밤에 잠이 안 온 이유가 낮잠 때문이라는 것을 어떻게 테스트하느냐? 방법은 간단하다. 며칠간 낮잠을 안 자도 밤에 잠이 안 오는지를 살피면 된다. 그 결과 낮잠을 자지 않은 며칠 동안 피곤하긴 하지만 여전히 밤잠을 이루기 어려웠다면, '낮잠 때문에'라는 가설은 성립되지 않는다.

'요즘 날씨가 너무 덥기 때문에'라는 가설도 마찬가지다. 침실에 에어컨, 선풍기 등으로 방을 시원하게 만든 다음 그래도 잠이 잘 안 오는지 살피는 방법으로 간단하게 테스트해볼 수 있다. 테스트 결과 여전히 잠 못 이루는 자신을 발견했다면 이

가설도 뒤집히게 된다.

그렇다면 '시험 준비에 따른 스트레스 때문에'라는 가설은 어떨까? 아마 다들 신경 쓰이는 일 때문에 잠 못 이룬 경험이 있을 것이다. 그러나 이 가설이 정말 사실이라면, 시험이 끝난 후에는 잠을 잘 자야 정상이다. 시험이 끝났고 성적도 제법 잘 나와 스트레스가 사라진 상황에서 여전히 밤잠을 이루지 못한 다면 이 가설도 무너진다.

이때 당혹스러운 당신에게 문득 이런 생각이 스칠지도 모른다.

'오후 때마다 간식을 먹는 습관이 있는데, 요즘엔 간식을 먹으면서 아이스티를 한 잔씩 마셨지! 이것 때문에 밤에 잠이 안 오는 건가?'

그럼 아이스티를 안 마셨을 때는 어떤지를 테스트해볼 수 있다. 그 결과 베개에 머리를 대자마자 잠이 들어 다음 날 아침까지 푹 잤다면? 불면의 원인을 찾은 것일지도 모른다! 그러나 한 번의 테스트만으로 원인을 단정할 수 없다. 따라서 하루는 아이스티를 마시고, 하루는 마시지 않는 식으로 10일 동안 실험을 해본다. 그 결과 오후에 아이스티를 마신 날 밤만 잠을 청하기가 어려웠다는 사실이 확인되었다면, 자기 경험을 바탕으로 일명 '아이스티 가설'을 입증한 셈이 된다. 원인이 될 수 있는 다양한 일을 생각해보고, 그 '가설'들을 하나하나 테스트해보는 것! 이것이 바로 실험정신이다.

아이스티 가설

어느 날, 친구와 간식을 먹다가 당신이 친구에게 말한다.

"아이스티는 마시지 마! 안 그러면 밤에 잠 못 잘 거야!"

친구가 말한다.

"그런 게 어디 있어! 네가 특이체질인 거겠지!"

당신이 말한다.

"난 오후에 마시는 아이스티가 정말 밤 수면에 영향을 줄 수 있다고 생각해. 나뿐만이 아니라!"

하지만 친구는 당신의 말을 믿지 않았고 결국 둘은 내기를 한다. 당신의 가설은 '오후에 아이스티를 마시면 밤잠을 청하는 데 좋지 않다'이고, 친구의 가설은 '오후에 마시는 아이스티가 밤 수면에 영향을 미치지 않는다'이다.

반 친구들 40명을 대상으로 실험을 하기로 한다. 20명은 당일 오후 아이스티를 마시도록 하고, 나머지 20명은 오후에 아이스티를 마시지 않도록 한 뒤, 다음 날 수면 상태를 체크해 비교하기로 한 것이다. 이때 아이스티를 마시는 그룹과 마시지 않는 그룹을 어떻게 나눠야 공평할까? 당신과 친구가 각자 친한 사람을 선택하는 방법이 좋을까? 그렇지 않다. 가장 공평한 방법은 제비뽑기로 결정하는 것이다. 그래야 친분을 생각해 일부러 당신 혹은 친구가 원하는 답을 내놓는 일을 막을 수 있다.

이렇게 임의로 20명씩 두 그룹으로 나눈 다음 오후에 아이스티 한 컵을 마시는 '실험 그룹'과 아이스티를 마시지 않는 '대조 그룹'으로 실험을 진행한다. 그런 다음 반 친구들 모두에게 말한다.

"오늘 밤 잠을 잘 잤는지, 못 잤는지 내일 우리에게 알려줘."

그런데 그때 누군가가 손을 들고 묻는다.

"잠을 못 잤다는 기준이 뭐야? 침대에 누워 오 분 동안 잠 못 들어도 잘 못 잤다고 할 수 있나?"

이 친구의 질문은 사실 매우 중요한 문제다!

과학실험을 할 때는 모두에게 똑같은 기준을 적용해 결과를 측정하는 것이 필수이기 때문이다. 반 친구들 모두와 한바탕 토론을 거친 끝에 오늘 밤 평소처럼 잠자리에 든 후 눈을 감고 30분이 넘도록 잠들지 못하면 '잠을 못 잔 것'으로 간주하기로 합의를 본다.

이튿날, 오후에 아이스티를 마신 20명의 실험 그룹 중 18명이 잠자리에 들어 30분 이상이 되도록 잠을 청하지 못했다고 대답한다. 한편 아이스티 대신 물을 마신 대조 그룹에서는 잘 잤다고 대답한 학생이 16명, 못 잤다고 대답한 학생이 4명이다.

이때 친구가 말한다.

"아이스티를 마신 스무 명 중 그래도 두 명은 잠을 잘 잤네! 그럼 아이스티를 마셨다고 반드시 잠을 못 자는 건 아니니까 네가 진 거야!"

이 말에 일리가 있다고 생각하는가?

아이스티를 마신 학생들이 100% 잠 못 이룬 것은 아니지만 20명 중 18명이 쉽게 잠들지 못했다면 '실험 그룹'의 90%가 잠을 못 잔 셈이다. 반면 '대조 그룹'은 20명의 학생 중 단 4명 즉, 20%만 잠 못 이뤘을 뿐이다. 90%와 20%는 큰 차이다! 아이스티가 수면에 전혀 영향을 끼치지 않는다면, 아이스티를 마시고 잠 못 이룬 학생이 물만 마셨지만 잠 못 이룬 학생의 수와 비슷해야 맞다. 하지만 이 두 그룹의 결과가 현저하게 다르므로 '아이스티를 마시는 것은 수면과 전혀 관계가 없다'고 할 수 없다. 따라서 이번 내기는 당신의 승리다!

이것이 바로 심리학과 사회학, 그리고 생물학 등 다양한 분야의 과학자들이 실험하는 사고방식이자 실험 방법이다.

호기심에서부터

모든 것은 호기심에서부터 시작한다. '왜 그럴까?'라는 질문을 시작으로 다양한 가능성을 생각해보고, 그런 다음 과학자가

실험할 때처럼 이러한 가설들을 테스트해보는 것. 이것이 바로 실험정신이다.

여기서 특별히 강조하고 싶은 점은 위의 예시에서 아이스티를 마신 모든 학생이 잠을 자지 못했느냐 하면 그렇지 않았다는 사실이다. 20명 중 2명의 학생은 여전히 잠을 잘 잤고, 그 때문에 "오후에 아이스티를 마시면 절대 잠이 오지 않을 거야"라고 단언할 수 없다. 즉, "밤에 잠이 안 올 수도 있어"라고 밖에 말할 수 없다는 뜻이다.

흔히 실험할 때 '100%'라는 절대적인 결과를 얻기란 어렵다. '실험 그룹'과 '대조 그룹'의 차이가 얼마나 큰지를 비교해 우리의 가설이 성립되는지를 판단해야 한다. 그러니 다음에 '실험으로 입증되었다'라는 말을 다시 듣게 되거든 과학자들이 이러한 방법을 통해 자신의 가설을 증명했지만, 언젠가는 다른 누군가가 더 좋은 가설을 세우고 실험하여 그 가설을 증명할지도 모른다고 이해하자. 과학이 믿을 만한 이유는 과학자들이 열심히 실험하여 자신의 옳고 그름을 증명해야 하는 학문이기 때문이다.

다시 맨 처음 질문으로 돌아가자.

'우유를 마시면 정말 키 크는 데 도움이 될까?'

사실 많은 과학자가 이 문제를 놓고 실험한 만큼 인터넷상에서도 이에 관한 실험보고서를 쉽게 찾을 수 있는데, 기본적으로 말하면 이렇다.

우유를 마신다고 해서 꼭 키가 크는 것은 아니다. 하지만 과거 실험을 통해 입증되었듯 어린 시절 우유를 마시는 것이 '키 성장'에 전혀 도움 되지 않는다고는 할 수 없다. 따라서 우유를 안 마시는 것보다는 우유를 마시는 게 낫다!

생각 연습

① 일상생활에서 실험정신을 발휘할 만한 일에는 어떤 것들이 있으며, 당신은 어떻게 실험정신을 발휘할 것인가?

② 듣기에는 그럴싸하지만 실제로는 그렇지 않은 말들을 들어본 적 있는가? 인터넷상에서 과학자가 한 실험을 찾아본 적 있는가?

Chapter 08
기억: 어떻게 기억해야 잊어버리지 않을까?

더 많은 것을 기억하려면 올바른 방법을 사용해야 한다.

반복해서 읽고 죽어라 외운다 하여 기억이 오래가는 것은 아니다.

휴대전화를 깜빡 잊고 외출하거나, 과제를 집에 놓고 학교에 간 경험이 있는가? 비단 당신뿐만 아니라 어른들도 이렇게 난감한 상황에 처할 때가 있다. 엄마는 음식을 만들다 불을 끄는 것을 잊고 전화를 받으러 가기도 하고, 아빠는 퇴근길에 세탁소에 들러 세탁된 옷을 찾아와야 한다는 걸 깜빡 잊기도 한다.

사실 정도의 차이가 있을 뿐 누구에게나 건망증이 있다. 이러한 일시적 건망증은 인간의 기억력과 연관이 있으며 지극히 정상적인 일이다. 그럼 기억력의 특성을 알아보고 기억력 개선에 도움을 줄 몇 가지 기술을 터득해보자.

기억력 시험해보기

어떤 사진을 볼 때를 생각해보자. 우리의 눈이 카메라처럼 찰칵, 하고 그 사진 전체를 머릿속에 저장하던가? 그렇지 않다. 우리 머릿속 전체를 뒤진다고 해도 그 사진을 찾을 수는 없다. 그렇다면 우리는 왜 사진 전체를 기억하지 못하는 걸까? 인간의 두뇌는 컴퓨터와 같아서 더 많은 정보를 저장하려면 그만큼의 용량이 필요하다. 무엇이든 기억하다 보면 우리의 두뇌가

견뎌낼 수 없다는 뜻이다. 그런 까닭에 우리의 두뇌는 스스로 중요하다고 생각하는 정보를 선택적으로 기억한다. 그리고 이렇게 저장한 '단기기억' 정보 중 다시 일부를 선택해 '장기기억' 저장소로 보낸다.

그렇다면 단기기억이란 무엇일까? 한번 기억력 테스트를 해보자.

방법은 간단하다. 아래에 제시한 일련의 숫자를 기억해두면 된다. 단, 메모는 할 수 없다. 온전히 자신의 기억력에 기대어 몇 개의 숫자를 기억할 수 있는지 시험해보자.

$$670528473938$$

자, 그럼 방금 외운 숫자들을 말로 나열하거나 종이에 적은 후 몇 개의 숫자를 맞췄는지 확인해보자.

5개에서 9개의 숫자를 기억했다면 정상 범주에 속하는 셈이고, 9개 이상을 기억했다면 기억력이 좋은 편에 속한다고 할 수 있다. 그런데 숫자가 많으니 앞부분의 숫자부터 기억에서 가물가물해지지 않던가? 이는 이 숫자들이 우리의 '단기기억'으로 존재하기 때문이다. 단기기억은 그 용량이 정보단위 7개일 정도로 매우 제한적이다.

단기기억이 이렇게 짧아서 무슨 소용이 있느냐? 사실 우리는 항상 단기기억을 사용한다. 예컨대 내가 이 말을 할 때도 당신은 단기기억을 활용해 내 말의 첫머리를 기억한다. 그렇지 않으면 내가 지금 무슨 말을 하고 있는지 이해할 수 없을 것이다.

호텔 같은 기억저장소

기억저장소는 호텔과 같다. 호텔에 여러 개의 방이 있듯, 기억저장소에도 우리의 장기기억이 머무는 방이 여러 개 있다. 단기기억은 호텔 로비에 해당하며, 새로 유입된 기억은 체크인을 기다리는 손님과 같다. 우리가 호텔에 도착하면 체크인해야 하듯 기억도 마찬가지다. 우선 로비에서 수속하고 열쇠를 받아 방으로 가는 것이 순서다.

한편 우리의 두뇌에는 '해마이랑'이라는 부위가 있는데, 이는 기억이라는 호텔의 프런트데스크와 같다. 두뇌의 각 부위로 기억을 보내 저장하도록 하는 역할을 전담하는 이 프런트데스크는 정말 고생이 이만저만이 아니다. 새로운 손님들이 계속 밀려 들어오는 데다 프런트데스크에서 신속하게 방을 배정하지 않으면 기억이 사라지기 때문이다!

여기서 질문! 당신은 좀 전에 외웠던 그 숫자들을 아직도 기억하는가? 따로 메모해둔 것이 아니라면 아마 진즉 잊어버렸을 것이다. 왜냐? 우리가 신경 써서 그 숫자들을 장기기억 저장소로 보내지 않았다면 우리의 두뇌는 이를 그리 중요하지 않은 정보로 간주해 기억에서 삭제했을 테니까 말이다.

문제는 학교에서 배우는 교과서 내용, 즉 외워야 할 단어나 국가 수도 이름 등의 '자료'를 모두 당신의 기억 호텔에 투숙시켜야 한다는 사실이다. 당신의 프런트데스크는 이미 눈코 뜰새 없이 바쁜데 당신 또한 이러한 지식에 별 감흥이 없다면, 이럴 때는 어떻게 해야 할까?

다시 한 번 기억력 테스트를 해보자.

먼저 종이 한 장과 연필을 준비하자. 그런 다음 일단은 종이에 적지 않고 아래에 나열된 15개의 제시어를 최대한 외워보는 것이다.

원숭이, 열쇠, 사자, 선물, 금고, 교과서, 스티커, 현미경, 기린, 수건, 풀, 독수리, 낙하산, 단편영화, 트로피

자! 그럼 외운 제시어를 모두 종이에 적어보자. 순서에 상관없이 기억나는 대로 적으면 된다.

당신은 몇 개나 적었는가? 15개를 모두 적었다면 정말 대단한 것이다! 이미 나름의 암기법을 가지고 있다는 뜻일 테니까 말이다. 10개 이상도 대단한 편이라고 볼 수 있다. 그리고 10개

이하는 보통이다. 7개 미만은 음, 계속해서 다음 내용을 읽어보기를…….

사실 나도 처음 이 연습을 시작했을 때 10개를 외우는 것도 쉽지 않았다. 그러나 이 방법을 사용한다면 당신도 최소한 8, 9개 이상은 기억할 수 있을 것이다!

강력한 이미지 기억법

위에 나열된 제시어를 활용해 이야기 하나를 들려줄까 한다. 그러니 나의 묘사를 따라 이야기 속 장면을 상상해보라.

어느 날 원숭이가 열쇠를 들고 사자를 만났다. 사자가 원숭이에게 선물을 건네자 원숭이는 사자에게 열쇠를 넘겼다. 사자는 이 열쇠로 금고를 열었다. 금고 안에는 매우 귀중한 교과서 한 권이 들어 있었고, 교과서 위에는 반짝반짝 빛나는 스티커가 붙어 있었다. 사자는 자신의 동료 기린을 데려와 현미경으로 이 스티커를 들여다보았다. 그렇게 보고 또 보며 진땀을 뺀 기린은 수건으로 얼굴을 닦으려다 그만 털에 풀이 잔뜩 묻고 말았다. 수건에 온통 풀이 묻어 있던 것이다. 숨을 쉴 수가 없었던 기린은 다급히 독수리를 불렀고, 독수리는 낙하산을 쫙 펴고 내려와 자신의 친구 기린을 구했다. 이 일은 다른 동물 친구들에 의해 단편영화로 만들어져 독수리는 단숨에 영웅으로 등극했고, 트로피까지 받을 수 있었다.

그럼 이제 종이 한 장을 꺼내 1분 동안 전체 이야기와 장면을 회상해본 후 이야기 속에 등장한 것들을 적어보자. 좀 전에 열심히 이야기를 읽으며 머릿속으로 장면을 그려봤던 사람이라면 이전보다 더 많은 내용을 훨씬 수월하게 외울 수 있었을 것이다. 왜일까?

첫째, 대부분의 사람은 '이미지'를 좀 더 잘 기억하기 때문이다. 바꿔 말하면 모든 제시어를 생동감 넘치는 장면으로 그려봄으로써 좀 더 쉽게 제시어를 외울 수 있다는 뜻이다.

둘째, 우리의 두뇌가 하나로 연결된 정보를 좋아하기 때문이다. '원숭이가 열쇠를, 사자가 선물을 가지고 있고, 금고에는 무엇이 들어 있는지'와 같이 제시어를 두 개 혹은 세 개씩 묶어 생각하는 것만으로도 기억하기가 훨씬 수월해진다.

서로 관계없던 제시어들을 특정 장면과 줄거리를 가진 하나의 이야기로 엮을 때, 원숭이와 사자 그리고 독수리 등은 서로 손에 손을 잡고 기억 호텔의 로비에서 장기기억의 방으로 이동하게 된다.

더 많은 것을 기억하려면 올바른 방법을 사용해야 한다. 물론 반복해 읽고, 외우고, 쓰는 방법으로도 필요한 정보를 기억할 수 있다. 그러나 이렇게 '죽어라 외우기만' 하는 방법으로는 그 기억을 오랫동안 유지할 수 없다. 그보다 머리를 굴려 약간의 상상력을 발휘해보는 게 더 효과적이다. 그러면 오랜 시간이 지난 후에도 수건으로 얼굴을 닦다 털에 풀이 붙어 쩔쩔매는 기린의 모습이 떠오를지도 모를 일이니까 말이다!

일단 어떤 기억이 호텔 방에 투숙하고 나면 평생 그곳에 머무느냐를 묻는다면 꼭 그런 것만은 아니다.

우리가 기억을 잊어버릴 수도 있고, 기억이 바뀔 수도 있다! 우리가 새로운 경험을 하면 옛 기억과 섞일 가능성이 있기 때문이다. 앞서 외운 15개의 제시어를 종이에 적어보라고 했을 때, 본인 생각에는 있었던 것 같은데 실제로는 제시어에 없던 단어를 적지 않던가? 이는 당신의 새로운 기억과 옛 기억이 한데 섞였음을 의미한다.

자신의 기억을 강화하고자 할 때 가장 좋은 방법은 평소에 찍은 사진이나 영상, 적어둔 메모 등을 수시로 꺼내 보며 자신의 기억을 일깨우는 것이다.

잠이 부족하면 기억력이 나빠진다

최근 과학자들이 새롭게 발견한 사실이 있다. 바로 '수면'이 우리의 기억력에 매우 중요한 역할을 한다는 것이다. 잠을 자는 시간은 두뇌가 기억을 정리하는 시간이기도 하기 때문이다. 실험 결과에 따르면, 무언가를 공부한 후 곧바로 잠자리에 들었을 때 공부한 내용을 더 쉽게 기억하는 것으로 나타났다. 한편 또 다른 실험에서는 밤샘한 뒤 기억력 테스트를 하자 기억력이 40%가량 하락한 것으로 나타나기도 했다. 잠을 충분히 잔 학생이 100% 능력을 발휘한다면 잠을 자지 않은 학생은 60%밖에 능력을 발휘하지 못한다는 뜻으로, 잠이 부족하면 기억력은 낙제점이나 마찬가지인 셈이다!

물론 살다 보면 가끔은 전혀 졸리지 않을 때도 있고, 잠을 자는 게 시간 낭비 같아서 자고 싶지 않을 때도 있을 것이다. 그러나 기억력 유지라는 측면에서 따져볼 때, 잠을 자는 것은 절대 시간 낭비가 아니며 오히려 꼭 필요한 시간이다.

이제 '기억'의 여러 특징을 알았으니, 다음번에 기억해야 할 뭔가가 있을 때는 그것을 좀 더 쉽게 장기기억 호텔에 머물 수 있도록 상상력과 연상 능력을 한껏 발휘해보길 바란다. 가끔은 지난 시험 내용 등을 되짚어보는 등 기억을 꺼내 바람을 쐬어주는 일도 잊지 말고 말이다. 비록 가끔일지라도 이렇게 하다 보면 연말 기말고사 즈음에는 반 친구들이 진즉에 잊어버린 내용도 생생히 기억할 수 있을 테니까 말이다.

생각 연습

① 가장 기억에 남는 일을 생각해보자. 그 일이 가장 기억에 남는 이유는 무엇인가?

② '이미지 기억법'을 활용해 중요한 교과서 내용을 암기해보자.

③ 친구와 함께 자신만의 기억법을 공유해보자.

Chapter 09
집중력: 몰두, 실은 참 골치 아픈 일

집중력은 연습으로 얻을 수 있다.
방법만 옳다면 힘들이지 않고 집중할 수 있을 것이다.

수업 시간에 집중하기가 어렵지 않은가? 한 교시 내내 멍때리지 않고 집중력을 유지한다는 것은 정말 힘든 일이다. 그런데 왜 애니메이션을 볼 때는 조금도 힘들다는 생각이 들지 않는 걸까? 내 아들만 해도 자신의 '최애' 캐릭터 피카츄가 나오는 애니메이션을 볼 때는 내가 옆에서 아무리 "헤이, 아들!" 하고 불러도 반응하지 않는다. 피카츄 옷이라도 입고 녀석 앞에서 얼쩡거려야 간신히 주의를 끌 수 있을까? 왜 이럴 때는 이토록 쉽게 집중할 수 있는 것일까?

자, 이제 하던 일을 잠시 멈추고, TV와 컴퓨터를 끄고, 휴대전화를 내려놓자. 그리고 함께 '몰두의 세계'로 들어가 이 문제를 들여다보자.

집중력이란 매우 복잡한 사고 능력이다. 수업 종료 종이 울리자 운동장으로 축구하러 나가자는 친구들, 함께 화장실에 가는 친구들로 북새통을 이루는 교실에 있다고 생각해보자. 이때 누군가가 당신에게 말을 건다면 특별히 집중해야 상대가 무슨 말을 하는지 알아들을 수 있을 것이다.

우선 어떠한 정보에 집중해야 할지를 선택해야 할 테고, 그 정보를 분별해낼 수 있어야 하며, 그와 상관없는 정보들을 무시할 수 있어야 하기 때문이다.

심리학자들이 '집중력'에 대해 알아보고자 이런 실험을 했다. 피실험자에게 이어폰을 착용하도록 한 다음 왼쪽 이어폰과 오른쪽 이어폰을 통해 각각 다른 사람이 전혀 다른 내용의 이야기를 하는 걸 듣게 한 것이다. 과연 피실험자들은 동시에 두 사람이 하는 말을 알아들었을까?

결과는 그렇지 못했다. 우리가 왼쪽에서 들리는 목소리에 집중할 때 오른쪽에서 들리는 정보는 놓치게 되어 있다는 뜻이다. 그럼에도 자신이 동시에 두 사람의 말을 들었다는 착각이 드는 이유는 자신의 집중력이 두 사람 사이를 오갔기 때문이다. 하지만 이 과정에서도 놓치는 정보가 있을 수밖에 없다. 우리가 애니메이션을 몰입해서 볼 때 누군가가 옆에서 말하면 그걸 들은 듯한데 들은 것 같지 않은 기분이 드는 이유도 바로 이 때문이다. 그저 귓가에 끊임없이 윙윙대는 소리가 맴돌고 있음을 느낄 뿐이랄까.

성동격서의 속임수

사실 사람이 집중할 수 있는 범위는 매우 제한적이다. 소매치기가 손쉽게 지갑을 훔쳐 갈 수 있는 이유도 바로 이 때문이다. 소매치기는 보통 두 사람이 한 팀으로 움직인다. 한 사람이 일부러 타깃과 부딪쳐 주의를 끌면 그 파트너가 타깃의 가방이나 주머니에서 잽싸게 지갑을 빼 가는 식이다. 이러한 기술을 '주의력 분산'이라고 한다. 평소라면 충분히 눈치챘겠지만 갑자기 누군가와 부딪히는 강렬한 자극을 받으면 사람의 주의력은 쉽게 분산되어 100% 집중할 수 없게 된다.

대부분의 마술이 바로 이런 주의력 분산 기술을 활용해 진행된다. 물론 우리는 마술사가 눈속임하고 있다는 사실을 빤히 알고 있고, 이를 밝혀내기 위해 눈을 부릅뜨고 집중하기도 한다. 하지만 그럼에도 실력 있는 마술사들은 우리의 주의력을 여지없이 분산시켜 기막힌 마술을 선보인다. 우리는 스스로 많은 일에 집중할 수 있다고 생각하지만, 실은 우리의 두뇌는 집중해야 마땅하다고 여기는 일부분에만 주의를 쏟고 있을 뿐이다. 우리는 시시각각 선택하며, 주변 환경에서 비교적 중요한 정보는 무엇인지, 주의력을 집중해야 할 정보는 또 무엇인지를 결정한다.

집중은 어려워

집중의 반대인 '한눈팔기'에는 여러 상황이 포함된다. 때로는 아무것도 신경 쓰지 않는 것처럼 완전히 풀어지기도 하고, 또 때로는 다른 일에 집중하느라 그 외의 부분에 소홀해지기도

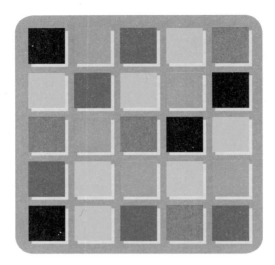

그림 1

한다. 예를 들면 수업 시간에 딴생각하거나 창밖에서 일어난 일에 시선을 빼앗기는 것처럼 말이다.

'스트룹 테스트(Stroop Test)'라는 것이 있다. 이는 집중의 어려움을 몸소 느낄 수 있는 유명한 실험이다. 이 실험을 위해서는 먼저 두 장의 종이를 준비해야 한다. 이 중 종이 한 장에 그림 1처럼 노란색, 초록색, 파란색, 빨간색, 검은색 이렇게 다섯 가지 색으로 구성된 네모 모양의 조각을 그린다. 그런 다음 스톱워치의 시작 버튼을 누름과 동시에 가장 빠른 속도로 왼쪽에서 오른쪽 순서로 모든 네모의 색상을 말하는 데 얼마의 시간이 걸리는지를 체크해보는 것이다.

그림 2

다른 종이 한 장에는 그림 2처럼 '초록색, 노란색, 파란색, 검은색, 빨간색'이라는 글자가 적혀 있지만 색상과 글자가 서로 일치하지 않는 조각을 섞어 그린다. 예컨대 '노란색'이라는 글자는 파란색으로 적고, '초록색'이라는 글자는 빨간색으로 적는 것이다. 그런 다음 앞에서와 마찬가지로 시간을 재며 가장 빠른 속도로 모든 글자의 색깔을 말해보자. 여기서 주의할 점은 글자의 색깔을 말하는 것이지, 글자 자체를 읽는 것이 아니라는 사실이다. 다시 말해서 '노란색'이라는 글자가 파란색으로 적혀 있다면 '노란색'이 아니라 '파란색'으로 읽어야 한다는 뜻이다. 이 실험을 하다 보면 그림 1로 했을 때보다 그림 2

로 했을 때 시간이 더 걸린다는 사실을 발견할 것이다.

이 시각 실험은 '집중력'에 대한 중요한 사실을 일깨워준다. 서로 다른 두 가지 정보를 동시에 마주하면 우리는 집중력을 유지하는 데 더 많은 힘을 들여야 한다는 것이다. 옆에서 수다를 떠는 친구가 있으면 공부가 잘 안되는 이유는 바로 이 때문이다. 옆 사람이 무슨 말을 하든 신경 쓰지 않으려고 해도 이를 무시하는 데에는 에너지가 소비되니까 말이다. 이럴 때 가장 좋은 방법은 이어폰이나 귀마개를 착용해 친구의 말소리를 차단하는 것이다.

평소 공부할 때 음악 듣는 습관이 있다면 가사가 없는 음악을 듣는 걸 추천한다. 노래 속의 가사도 언어라서 걸러내야 할 정보가 늘어나는 것이나 다름없기 때문이다. 참고로 나는 집중이 필요할 때 빗소리나 숲속의 새소리 등 자연의 소리를 듣는 것을 선호한다. 이어폰을 통해 들리는 이러한 소리는 외부의 소리를 효과적으로 차단해 집중력을 유지하는 데 도움을 준다.

독서나 시험문제 복습에 전념하고 싶다면 되도록 다른 잡동사니가 눈에 띄지 않도록 시작 전에 책상부터 깨끗하게 정리하길 추천한다. 물론 휴대전화 격리는 더 말할 것도 없다! 최근 진행된 한 연구에 따르면 휴대전화 화면이 꺼져 있는 상태일지라도 휴대전화를 책상 위에 올려놓으면 그것이 시선 안에 있다는 사실만으로도 집중력을 흐트러진다고 한다. 휴대전화는 그

야말로 현대인의 집중을 방해하는 요물인 셈이다.

집중은 연습으로 얻을 수 있는 기술이자 모든 학생이 노력해 갖춰야 할 항목이기도 하다. 한눈팔 기회를 줄이는 것 말고도 누가 시켜서 억지로 하는 게 아니라 스스로 집중할 줄 알아야 한다. 자신의 집중력을 제어할 줄 알면 훨씬 효율적으로 공부할뿐더러 효율적으로 일할 수 있다!

생각 연습: 집중의 기술

좀 더 집중할 수 있길 바란다면 다음의 기술을 활용해보자.

① 소음 차단하기

조용한 곳에서 집중이 더 잘되는 법이다. 달리 조용한 장소를 찾을 수 없다면 이어폰을 끼고 가사 없는 음악이나 자연의 소리를 이용하자.

② 시야에 들어오는 잡동사니 정리하기

책상이나 주변 환경을 깔끔하게 유지하자. 좀 더 집중하고 싶다면 눈앞에 집중해야 할 것만 두는 게 가장 좋다.

③ 적절한 휴식 취하기

장시간 집중하다 보면 몸이 피곤해진다. 이럴 때는 집중력을 분산시키는 정보의 유혹에 넘어가기 쉽고, 공부 효율도 떨어진다. 그러니 60분 중 10분의 휴식 시간을 두고 먼 곳을 바라보며 눈의 피로도 풀고, 기분 전환도 해보자.

④ 가벼운 운동으로 에너지 발산하기

마음이 들떠 가만히 있지 못하겠다면 몸을 움직여 에너지를 발산하는 것도 한 방법이다. 가볍게 운동하고 샤워하면 마음이 차분히 가라앉아 좀 더 쉽게 집중할 수 있다.

⑤ 낮잠 자기

너무 피곤하다면 잠깐 눈을 붙여도 좋다. 단, 낮잠 시간은 20분을 넘기지 않는 것이 좋다. 피곤할 때 이렇게 잠시 눈을 붙이고 나면 능률을 높일 수 있다.

Chapter 10
학습: 두뇌를 깨우는 방법은?

배우려 하지 않는다면 아무도 당신을 도울 수 없지만,

배우고자 한다면 아무도 당신을 막을 수 없다.

〈소경과 코끼리〉라는 인도 우화가 있다.

'코끼리'라는 동물이 있다는 소문을 들은 맹인들이 코끼리가 어떻게 생겼을지 그 궁금증을 참지 못하고 도시로 갔다. 그들은 말했다.

"우리가 앞을 보지는 못하지만, 촉각을 통하면 코끼리의 생김새를 알 수 있을 거야."

손을 뻗어 코끼리의 코를 만진 첫 번째 맹인이 소리쳤다.

"코끼리는 구렁이처럼 생겼구나!"

코끼리의 귀를 만진 두 번째 맹인은 이렇게 주장했다.

"커다란 부채 같은데!"

그러자 코끼리의 다리를 만진 맹인이 말했다.

"무슨 소리야. 사실은 기둥처럼 생겼다고."

이번엔 코끼리의 몸을 만진 맹인이 이를 부정하고 나섰다.

"아니야, 코끼리는 벽을 닮았어."

한편 코끼리의 꼬리를 만지고 밧줄에 비유하는 맹인이 있는가 하면, 상아를 만지고 장검과 같다고 주장하는 맹인도 있었다.

과연 누구의 말이 맞을까? 모두 맞는 말이면서도 완전히 맞는 말 또한 아니다. 맹인들 각자의 묘사가 틀리지는 않았지만, 그들 모두 자신이 만진 일부분만 묘사했으니까 말이다.

'배움'에 관해서도 코끼리에 대한 맹인들의 주장만큼이나 다양한 의견이 존재한다. 과학자들과 심리학자들이 각기 다른 방법으로 저마다의 결론을 얻었기 때문이다. 그럼 몇몇 '학습 전문가'와 그들의 발견을 살펴보자.

소크라테스의 깨우침

2천여 년 전, 고대 그리스의 철학자 소크라테스는 우리가 모르고 있을 뿐 이미 오래전부터 모든 '지혜'가 우리의 뼛속 깊이 존재해왔다고 보았다. 그렇다면 어떻게 자신의 지혜를 일깨울 수 있을까? 그는 그 핵심이 바로 우리에게 계속 질문을 던져 반복적인 사고를 할 수 있도록 이끌어주는 스승과의 대화에 있다고 주장했다. 이리저리 생각하며 옳고 그름을 가려내는 과정에서 점점 더 생각이 분명해지고, 그러다 갑자기 생각이 트이게 된다는 것이다. 당시 소크라테스는 이 방법으로 글자를 전혀 모르는 노예에게 난해한 기하학을 가르쳤다.

그런데 소크라테스의 말대로라면 우리는 더 이상 수업을 받거나 공부할 필요가 없는 게 아닐까? 우리가 알아야 할 지식들은 이미 우리의 머릿속에 들어 있지 않은가? 물론 그렇지 않다! 소크라테스가 강조한 '사변', 즉 우리가 이미 알고 있는 지식을 활용해 모르는 일들을 알아가는 기술이 매우 중요한 학습 기술임에는 틀림없지만 말이다.

한편 또 다른 학습 전문가인 독일의 심리학자 헤르만 에빙하우스(Hermann Ebbinghaus)는 '인간은 왜 망각하는가?'에 대해 매우 어려운 단어들을 억지로 외우며 꽤 자학적인 방법으로 연구를 진행했다. 자신이 얼마나 빨리 이 단어들을 잊어버리는지 관찰하기 위해서였다. 그는 심지어 자신이 단어를 잊어버린 속도로 도표까지 만들었다. 이 도표가 특별한 곡선을 나타낸다고 하여 이를 '에빙하우스의 망각곡선'이라 이름 붙였다.

에빙하우스는 이 연구를 통해 방금 배운 내용은 금세 잊어버리기에 십상이지만, 복습하면 비교적 많은 내용을 기억할 수 있음을 발견했다. 최적의 복습 시기는 새로운 것을 배운 당일 혹은 2, 3일 안으로, 이 시기에 복습할 경우 몇 주 후나 시험을 코앞에 두고 복습을 시작했을 때보다 학습효과가 훨씬 좋다는 사실도 발견했다.

그다음, 마지막 학습 전문가인 미국의 심리학자 에드워드 손다이크(Edward Lee Thorndike)는 학습이 문제해결을 위한 것이라는 이론을 폈다. 어떤 문제가 닥칠 때마다 다양한 방법을 시도하여 문제 해결책을 찾으면 학습한 거나 다름없다고 본 것이다. 일상의 많은 습관이 모두 그렇게 학습된 결과라면서 말이다. 그는 스스로 발견한 방법을 가장 쉽게 기억할 수 있다는 중요한 사실도 발견했다.

사자를 길들이는 방법

미국의 심리학자 B. F. 스키너(B. F. Skinner)가 생각한 학습은 소크라테스의 생각과 정반대였다. 그는 인간이 백지 같은 무지의 상태로 태어나며, 우리가 하는 모든 행동은 경험을 통해 학습하는 것이라고 생각했다. 어떠한 일을 했을 때 칭찬받으면 그 일을 반복해서 하게 되고, 혼이 나면 더 이상 그 일을 하지 않게 되는 것. 이것이 바로 학습이라고 보았다.

실제로 서커스단에서 묘기를 선보이는 동물들도 이 방법을 사용해 훈련할 수 있었다. 여기서 우리는 스스로 보상을 설정하는 일이 학습의 동기를 부여하는 데 확실히 도움 된다는 사실을 알 수 있다. 하지만 반드시 고려해야 할 것도 있다. 바로 인간은 동물과 다르기에 단순히 보상과 벌을 주는 방법만으로는 부족하다는 점이다.

한편 스위스의 심리학자 장 피아제(Jean Piaget)는 인간의 두뇌가 조금씩 성숙해지는 기관이라는 사실을 발견했다. 어린아이가 사물을 이해하지 못하는 이유는 단순히 그들이 말을 못알아들어서가 아니라 그들의 두뇌로는 아직 그렇게 복잡한 일들을 생각할 수 없기 때문이라는 것이다.

피아제가 이 같은 발견을 하기 전까지, 사람들은 아이를 경험이 부족한 작은 어른쯤으로 생각했다. 지금은 모든 연령대마다 그에 맞게 배워야 할 것들이 있음을 알지만 말이다. 물론 어떤 부모들은 자신의 아이가 어려서부터 《사서오경》을 능숙하게 읽길 바라기도 한다. 그러나 아이가 간신히 책 내용을 이해하고 이를 외울 수는 있어도 문맥 간의 추상적인 개념과 사상을 이해하는 일은 사실 능력 범위를 넘어선다.

구소련의 교육심리학자 레프 비고츠키(Lev Semenovich Vygotsky)는 주변 사람의 행동을 모방하는 것이 인간의 가장 주요한 학습 방법이라 역설했다. 그는 아이가 옆에서 보고 따라 하며 배울 수 있도록 어른이 아이를 보살피며 본보기를 보이는 것이 좋다고 말했다. 마치 스승이 제자에게 "내가 시범을 보일 테니 잘 따라 해보거라. 그러면 언젠가 너도 잘할 수 있을 것이다"라고 말하듯 말이다.

나에게 맞는 학습 방법은?

이렇게 학습에 대한 다양한 이론이 실제로 공부하는 데 도움 될까? 물론이다! 다만 내가 테니스 치는 법을 가르쳐주었다고 해서 당신이 지금 당장 대단한 테니스 선수가 될 수 없듯, 이제

기르되 가르치지 않는 것은 부모의 잘못이니,
진실로 가르치지 않으면 선한 성품은 곧 바뀐다.

이론을 알았으니 그에 걸맞은 실전 연습이 뒤따라야 한다. 그럼 우리의 실생활에 이를 활용할 수 있는 여섯 가지 학습 원칙을 알아보자.

첫째, 학습에는 사변이 필요하다. 교과서를 달달 외운다고 지식이 내 것이 되는 건 아니다. 어떻게 사변해야 하느냐? 자신의 일상생활에 응용할 방법을 찾는 과정이 곧 사변의 과정이다. 그러니 죽어라 외우지만 말고 활용하자.

둘째, 잊어버리는 것은 지극히 정상적인 일이니 되도록 빨리 복습하자. 새로운 무언가를 배운 후 사흘 안에 복습하면 많은 힘을 들이지 않아도 이를 기억해 학습 능률을 배로 높일 수 있다.

셋째, 스스로 생각한 답이 가장 기억에 남는 법이다. 그러니 공부할 때는 가능한 한 시험문제를 준비해 스스로 테스트해보자. 그러면 반복해서 교과서를 보는 것보다 더 효과적으로 지식을 얻을 것이다.

넷째, 자신에게 보상과 벌칙을 정하자. 예를 들어 책 1권을 집중해서 읽으면 그 상으로 30분간 게임할 시간을 갖고, 집중하지 못했다면 그 벌로 팔굽혀펴기 20번을 하는 식으로 말이다. 단, 자신에게 충분히 도전이 될 만한 목표를 설정하되, 보상이나 벌칙이 너무 과해서는 안 된다. 중요한 건 스스로 도전을 극복해낼 수 있느냐의 여부이니까 말이다.

다섯째, 두뇌는 성장하는 기관이니 두뇌의 건강을 유지하자. 적당한 일과 휴식, 균형 잡힌 식사는 우리를 더욱 똑똑하게 만든다. 그러니 적어도 나쁜 습관 때문에 스스로를 둔하게 만드는 일은 없도록 하자.

여섯째, 자신보다 더 잘난 사람과 함께 공부하자. 주변에 좋은 습관을 가진 선배가 있다면 그와 자주 어울리며 학습 도움을 받자. 좋은 친구나 학습 파트너를 선택해 즐겁게 어울리다 보면 어느새 그들처럼 발전하는 자신을 발견할 것이다.

사실 모든 학생에게 적합한 공부법이란 없다. 이 여섯 가지 원칙 중 자신에게 맞는 방법이 무엇인지는 스스로 찾아야 한다. 그러니 가장 효과적인 방법을 찾을 때까지 다양하게 시도해보자. 마지막으로 이 말을 모두에게 해주고 싶다.

'배우려 하지 않는다면 아무도 당신을 도울 수 없지만, 배우고자 한다면 아무도 당신을 막을 수 없다.'

자, 그럼 지금부터 이 원칙들을 공부에 제대로 활용해보자!

생각 연습

① 현재 배우고 있는 교과서 문제로 나 자신을 시험해보자.
② 친구들의 선생님이 되길 자처해보자. 내가 알고 있는 것을 다른 사람에게 가르쳐주니 더 명확히 기억에 남지 않던가?

Chapter 11
습관: 내게 딱 맞는 바른 행동

> 의지력만으로는 좋은 습관을 기를 수 없다.
>
> 그보다 더 중요한 건 현명한 계획이다.
>
> 습관은 쌓아가는 것이기 때문이다.

당신은 이를 닦을 때 왼쪽부터 닦는가, 오른쪽부터 닦는가? 양치 또한 하나의 습관적인 동작이다. 따라서 순서를 바꿔 이를 닦으라고 하면 왠지 부자연스러운 기분이 들 수밖에 없다. 사람들에게는 저마다 다양한 생활 습관이 있다. 예컨대 아침에 일어난 후 혹은 밤에 잠자리 들기 전 고정적으로 해야 하는 일이 있다거나, 방과 후 귀가할 때 항상 이용하는 길로 가야 한다거나⋯⋯. 전문가가 추정하는 바에 따르면 모든 사람이 하루에 하는 행동 중 약 40%가 '습관적 행동'에 속한다.

　그렇다면 습관은 어떻게 생기는 걸까? 심리학자 에드워드 손다이크는 일명 '고양이의 밀실 탈출' 실험을 통해 '습관'의 이론적 기초를 발견했다. 손다이크는 밀폐된 검은 상자에 고양이를 넣었다. 검은 상자에 갇힌 것이 싫은 고양이는 울부짖기도 하고, 이리저리 냄새를 맡기도 하며, 출구를 찾아 서성였다. 그런데 사실 상자에는 스위치가 있어서 이를 밟기만 하면 문이 열리게 되어 있었다.

어떤 고양이는 이리저리 서성이다가 우연히 스위치를 밟아 상자에서 빠져나올 수 있었다. 이때 손다이크는 다시 고양이를 검은 상자에 넣었다. 그렇게 몇 번을 반복하자 고양이들은 스스로 스위치를 밟아 상자를 탈출하는 요령을 터득했다. 모든 고양이가 20, 30번의 연습 후에는 모두 6초 안에 상자에서 빠져나왔다. 게다가 그들을 다른 상자에 넣어도 단번에 스위치가 어디 있는지 찾아 나섰다.

이에 손다이크는 '여러 번을 반복해 같은 문제를 해결할 수 있다는 사실을 발견하면 고양이는 그 행동을 학습해 하나의 습관으로 만든다'는 결론을 내렸다.

여기서 고양이의 문제는 무엇이었을까? 고양이가 해결하고자 하는 문제는 갇힌 곳에서 벗어나 자유를 얻는 것이었다. 그렇다면 고양이가 발견한 방법은 무엇인가? 스위치를 밟는 것이다. 이 방법을 고양이에게 가르쳐준 사람이 있는가? 없다. 고양이 스스로 발견했다. 하지만 몇 번의 반복 끝에 고양이도 방법을 터득했고 이를 습관으로 만들었다.

동물이든, 사람이든 습관을 기르는 방법은 같다. 당신도 손다이크의 실험 속 고양이처럼 자유를 얻고 싶을 때가 있지 않던가? 숙제를 다 할 때까지는 밖에 나가 놀 생각은 하지 말라는 부모님 말씀에 방문이 잠겨 있지는 않아도 마치 방에 갇힌 듯

짜증 났던 그때처럼 말이다.

습관 회로

그때 손이 가는 대로 만화책을 집어 들어 읽기 시작했다면 어느새 짜증이 눈 녹듯 사라짐을 느낄 수 있었을 것이다! 만화책을 읽는 일이 이토록 마음을 편하게 해주는 일이었다니, 깨달으면서 말이다. 그런데 이렇게 몇 번을 반복하면 갇혀 있다는 생각을 누그러뜨리는 일과 만화 보기를 하나로 연결해 혼자 방에서 지루한 숙제를 해야 하는 상황이 올 때마다 가장 먼저 만화책을 읽고 싶게 된다. 이것이 바로 손다이크가 말한 '연결주의' 이론이다.

이후 심리학자들은 이 연결주의를 기초로 계속 연구를 진행해 '습관 순환(Habit Loop)' 이론으로 발전시켰다. 습관 순환에는 네 가지 요소가 있는데, 그 첫 번째가 바로 '신호'다. 방에 들어가 숙제하려고 준비할 때, 방 안의 환경과 숙제가 바로 신호가 된다. 환경이나 상황의 신호를 받으면 저도 모르게 자신의 '열망'이 떠오르는데, 이것이 습관 순환의 두 번째 요소다.

자기 혼자 방에 있다는 답답함을 해소하고 싶다는 생각이 열망인 것이다. '신호'에 '열망'이 더해지면 세 번째 요소인 '반응'이 야기된다. 이를테면 침대 밑에 숨겨두었던 만화책을 꺼

습관을 개선하는 일은 조금도 어려운 일이 아니다.
마라톤대회 참가를 예로 들어보자!

열망
스스로 더 강해지자.

신호
전용 신호 설정하기:
매일 정해진 시간에
달리기 연습하기.

반응
행동의 장애물 줄이기:
동료와 함께 달리기,
자기 전에 신발과 물병 챙겨두기

보상
다양한 보상을 설정해
대회가 끝난 후 자신에게 선물하기.

내게 되는 것이다. 만화책을 읽어 즐거움을 얻음으로써 자신의 열망을 만족시켰다면, 이 행동은 다시 네 번째 요소인 '보상'을 발동시킨다.

이 네 가지 요소가 어떻게 작동하느냐? 우리 두뇌는 일의 결과를 생각하는 이성적인 면도 있지만, 느낌에 따라 결정하는 감성적인 면도 있다. 느낌에 따라 결정할 때는 일의 결과를 고려하기보다 '즉시' 문제를 해결하는 게 최고의 방법이라 여긴다.

그런 까닭에 보상이 빨리 나타날수록 문제를 해결할 수 있다고 믿게 되고, 그럴수록 반응과 연결 지어 좀 더 쉬이 습관을 만들게 되는 것이다. 좋은 습관을 기르기란 어려운데, 나쁜 습관은 유독 빨리 드는 이유는 바로 이 때문이다. 생각해보라. 모든 나쁜 습관에는 즉각적인 보상을 제공한다는 특징이 있지 않나? 예를 들어 휴대전화를 만지면 바로 지루함을 날릴 수 있고, 게임을 하면 바로 즐거움을 얻을 수 있는 것처럼 말이다. 어른들이 담배를 피우고 술을 마시는 이유에도 즉각적인 긴장해소 효과가 있기 때문이다. 즉, 긴장을 푸는 행동이라는 허상을 반복하면서 나쁜 습관이 드는 것이다.

습관은 쌓아가는 것

좋은 습관에는 또 어떤 특징이 있을까? 좋은 습관의 보상은 보통 오랜 시간이 지난 후에야 나타난다. 예습·복습을 하고, 피아노를 연습하고, 단어를 외우는 일은 당장 그 어떤 보상도 얻을 수 없을뿐더러 그 과정도 보통 고통스럽다. 시험이나 무대 공연을 끝낸 후에야 자신의 노력이 빛을 발하고 보상도 얻을 수 있다.

자, 그럼 자신이 가진 나쁜 습관과 앞으로 기르고 싶은 좋은 습관을 생각해보자. '신호', '열망', '반응', '보상'이 각각 무엇인지 말할 수 있겠는가? 이를 분명하게 설명할 수 있다면 나쁜 습관이 즉각적인 보상 때문에 훨씬 몸에 배기 쉬운 반면, 좋은 습관은 즉각적으로 보상을 얻을 수 없으니 그만큼 몸에 배기 어렵다는 사실을 확실하게 깨달을 것이다.

어떻게 하면 좋은 습관을 기를 수 있을까? 부모님과 함께 의견을 나누며 자신이 원하는 '좋은 습관 순환'을 설계해볼 수 있다. 처음에는 많은 조정이 필요하고, 또 어쩌면 실패할지도 모른다. 하지만 이는 모두 최적화를 위한 과정이니, 자기 자신을 믿어라. 그러면 자신에게 가장 좋은 방법을 찾아갈 수 있을 것이다.

습관은 쌓아가는 것임을 명심해야 한다. 어떤 일을 매일 반복하면 습관을 들일 수 있다. 매일 같은 시간, 같은 장소에서 반복하면 더더욱 금상첨화다. 부디 습관을 기르는 일이 생각처럼 그리 어렵지 않음을 깨닫길 바란다. 단순히 의지력만으로는 진

정으로 자율적인 삶을 살기 어렵다. 그보다 더 중요한 건 현명
한 계획이다.

생각 연습: 좋은 습관을 기르는 세 가지 비법

① 신호 설정하기

모든 환경에 그것만의 '전용' 행동을 정해보자. 예를 들어 책상에서는 공부만 하기로 하고, 소설책이나 만화책이 보고 싶을 때는 소파에 앉아서 보기로 하는 것이다. 이렇게 분명한 신호를 설정한 후에는 시간을 함께 지정해도 좋다. 매일 같은 시간에 도서관에서 공부하기로 하고, 이를 일정 기간 반복하다 보면 나중에는 시간이 되었을 때 도서관에 가야겠다는 생각을 하게 될 것이다.

② 방해 요소 줄이기

행동으로 옮길 때 만날 수 있는 '방해물'을 줄이자. 쉽게 할 수 있는 일일수록 습관을 들이기도 쉬운 법이다. 도서관 가기 전에 꾸물대며 물건을 정리하거나 가방을 챙기면 나중에는 외출하기가 싫어질 수도 있다. 그러니 필요한 물건은 미리미리 준비해 시간이 되면 바로 가방을 들고 나갈 수 있도록 하자.

③ 보상 설정하기

행동과 보상을 하나로 꽁꽁 묶어 자신이 하는 행동에 대해 긍정적인 생각을 가지면 한결 수월하게 습관 순환을 형성할 수 있다. 예컨대 애니메이션을 즐겨 본다면, 두 시간 동안 집중해서 공부하고 그 보상으로 애니메이션 한 편 보기를 허락해주는 것이다. 단, 미리 보상한다거나 공부 시간에 꼼수를 부려서는 안 된다. 그렇게 되면 나쁜 습관 순환이 생길 수 있다.

Chapter 12
우정: 진정한 친구는 누구?

오랜 시간 함께하기, 좋은 느낌 공유하기, 서로 돕기.

이것이 바로 우정의 3대 핵심 요소다.

소미와 지혜는 좋은 친구 사이였다. 그런데 최근 지혜가 자신의 생일파티에 같은 반 친구들을 초대하면서 둘 사이가 살짝 멀어졌다. 지혜가 그동안 별로 좋아하지 않던 미나까지 파티에 초대했으면서 소미는 초대하지 않았기 때문이다. 이 일로 소미는 마음에 상처를 입었다.

이처럼 친하다고 생각한 친구가 나를 빼놓고 다른 친구와 놀 때, 혹은 오랜만에 만나는 친구와의 약속에 잔뜩 기대를 안고 나갔는데 그 친구가 다른 사람하고만 어울리며 나를 냉대할 때, 당신은 어떤 기분이 들겠는가? 분명 서운하고 상처받을 것이다.

우정은 우리를 웃게 하고, 또 때로는 눈물짓게 하기도 한다. 그러나 어떤 일이 있더라도 친구는 꼭 필요하다. 이는 누구에게나 마찬가지다. 그럼 '어떻게 하면 좋은 친구가 될 수 있을지' 그 방법을 알아보자.

친구를 사귀는 방법

친구를 사귀는 방식은 나이를 먹어감에 따라 달라진다.

유아기의 아이들은 친구와 어울리며 상호작용을 하는 방법을 잘 모르기 때문에 그저 같은 공간에서 각자 노는 것이 보통이다. 이 시기의 아이들은 비교적 자기중심적이라 서로 장난감을 빼앗는 일이 자주 벌어진다.

4세에서 5세 정도가 되면 공평함이 무엇인지, 언제 나눠야 하는지 등을 배우기 시작한다. 이 시기에 특별히 좋아하는 친구가 생기기도 하지만 친구와 가장 많이 싸우기도 한다. 함께 놀다 의견이 맞지 않으면 금세 토라지기 때문이다. 그러나 쉽게 싸우는 만큼 금세 싸움이 끝나기도 한다. 좀 전까지 울던 아이들이 눈 깜짝할 사이에 또 화해하는데, 이때의 마찰로 아이들은 충돌 없애는 법을 배운다.

초등학교에 들어간 후에는 친구들과 자신이 좋아하는 게임이라든지, 재미있게 본 만화 등의 정보를 나누기 시작한다. 취미나 성격이 비슷한 사람과 친구가 되는 시기가 바로 이때다.

그러다 4, 5학년 정도가 되면 친구 사이에 농담이나 암호 같은 '공통의 언어'를 만들기 시작한다. '우리'와 '남'의 개념이 분명해지고, 친구 사이에 '가십'이 생기기도 한다.

초등학교를 졸업하고 중·고등학교에 들어가 그야말로 청소년이 되면 친구가 더욱 중요해진다. 심리적으로 조금씩 자아를 찾아 밖으로 나가기 시작하는 이때, 친구는 바깥세상을 알아가는 데 중요한 파트너이기 때문이다. 속마음이나 개인적 비밀처럼 가족에게도 말할 수 없는 일들을 친구에게 털어내며 서로의 희로애락을 함께 나누고, 함께 고민하며, 함께 성장한다. 이때 사귄 친구가 삶에 대한 우리의 생각과 가치관에 가장 많은 영향을 준다고 해도 과언이 아니다. 어른들이 항상 "친구를 가려 사귀어라"라고 말하는 이유는 이 시기에 사귄 친구와 서로 도우며 함께 발전하길 바라서다.

친구에게 점수 매기기

어떻게 하면 좋은 친구가 될 수 있을까? 심리학자들의 말에 따르면 우정을 유지하는 데는 세 가지 요소가 필수다.

첫째, 함께 많은 시간 보내기. 함께하는 시간이 길어질수록 우정은 깊어진다. 우정이란 시간을 들여 키워가는 것이다.

둘째, 좋은 감정 공유하기. 친구라면 동고동락할 수 있어야 한다지만 '즐거움'이 '고통'보다 절대적으로 커야 한다. 친구와 함께 밥을 먹고, 영화를 보고, 게임을 하고⋯⋯. 이러한 일들이 모두 '좋은 감정'을 촉진해 우정을 만드는 핵심 요소다.

셋째, 서로 돕기. 진정한 친구인지 아닌지를 알려면 내가 그를 필요로 할 때 나를 도우러 오는지를 봐야 한다. 물론 부르는 즉시 달려와야 한다거나 자신의 양심을 저버리면서까지 억지로 친구를 도와야 한다는 것은 아니다. 하지만 서로 도울 수 있는 친구라면 좀 더 쉽게 우정을 유지할 수 있다.

'함께 많은 시간 보내기, 좋은 감정 공유하기, 서로 돕기'는 우정을 유지하는 데 가장 기본적이면서 가장 중요한 요소이다. 이 세 가지를 기준으로 자신의 모든 친구에게 1점에서 100점까지 점수를 매긴다면 몇 점이 나올까? 세 가지 요소의 점수가 모두 높고 친구 또한 나를 그렇게 생각한다면, 둘은 정말 좋은 친구라고 할 수 있다.

보통 한 사람에게 진정으로 '좋은 친구'는 몇 명이나 될까? 평균적으로 말하면 다섯 명밖에 되지 않는다! 정말 적지 않은가? 그래서 친구는 가려 사귀어야 한다. 진정한 우정을 얻으려면 함께하는 시간을 많이 투자해야 하는데, 우리에겐 하루에 24시간이 고작이기 때문이다.

우정도 변질된다

이 세 가지 요소를 기준으로 삼아 왜 때로는 친구와 멀어지고, 소홀해지며, 또 관계가 변질되는지 그 이유를 이해할 수도 있다. 친하게 지내는 같은 반 친구가 있다고 가정해보자. 둘은 좋은 친구지만 학년이 바뀌면서 다른 반이 되었다. 처음엔 함께 수업받지 못한다는 사실이 아쉽고 서로가 그리웠지만, 이후 친구는 반에서 새로운 아이를 사귀었다. 그러던 어느 날 하교하다가 새로운 아이와 놀고 있는 그 친구를 보았다. 이때 당신의 기분은 어떨까? 속상하지 않을까?

반대로 당신이 먼저 새 친구를 사귀었다면 어떨까? 새 친구는 당신과 공통점이 많아 말이 잘 통하는 데다 같은 반이다. 수업이 끝나고 다른 반이 된 그 친구가 당신을 찾아와 당신과 새 친구가 함께 있는 모습을 봐도 똑같이 질투심을 느낄 것이다!

그럼 다시 맨 처음의 예로 돌아가 보자. 소미는 지혜를 좋은 친구라고 생각했지만 지혜는 소미를 생일파티에 초대하지 않았다. 그뿐만 아니라 별로 좋아하지 않는다고 생각하던 미나를 초대해 소미의 기분을 상하게 했다. 생각해보자. 두 사람의

생활이 바뀌어 우정에도 변화가 생긴 건 아닐까? 어쩌면 소미와 지혜가 다른 반이 되어 함께하는 시간이 줄어들었을 수도 있고, 지혜는 소미를 초대하려 했지만 때마침 소미가 결석하는 바람에 만나지 못했을 수도 있지 않을까? 최근 미나가 지혜를 도와줘서 서로 친구가 되었을 가능성도 있다.

결국 내가 하고자 하는 말은, 우정은 변할 수 있다는 것이다. 우리는 BFF(Best Friends Forever, 미국 청소년이 즐겨 사용하는 줄임말로, 영원히 좋은 친구라는 뜻)와 평생 좋은 친구 사이이길 바라지만, 우정에는 끊임없는 관리가 필요하다. 어떻게? 함께 많은 시간을 보내고, 좋은 감정을 공유하고, 또 서로 도와야 한다.

좋은 친구는 많을 필요가 없다

우정을 유지하는 데 꼭 필요한 세 가지 요소를 알아보았으니, 당신이 더 좋은 친구를 사귈 수 있도록 몇 가지 조언을 건넬까 한다.

친구 사이에는 마찰이나 불쾌한 일이 생길 수 있다. 이럴 때는 상대를 찾아가 대화를 나눠야 한다. 단, 상대를 원망하기 위해서가 아니니 다짜고짜 상대 탓부터 하지 말고 '자신의 감정을 나눈다'고 생각하자.

소미가 지혜에게 전화를 건다면 "너 왜 날 생일파티에 초대하지 않았어?"라는 질문 대신 "이번 주말엔 기분이 좋지 않더라"라고 자신의 기분을 공유하길 권한다. 그러면 지혜는 왜 그러냐고 물을 것이다. 이때 소미는 기분이 상하게 된 과정을 설명하면 된다. 비난하듯 말하지 않고 자신의 섭섭한 마음을 지혜에게 알린 다음 지혜의 말도 들어보는 것이다. 그러면 그저 한바탕 오해였음을 깨닫게 될지도 모른다. 꼭 그렇지 않더라도 혼자 끙끙 앓는 것보다 용감하게 직접적으로 이야기를 하는 것이 낫다. 지혜의 행동이 성숙하지 못했지만, 이 기회를 통해 앞으로 어떻게 친구를 대해야 할지 배울 수도 있으니까 말이다.

지금까지 우리는 어떻게 하면 더 좋은 친구가 될 수 있을지, 또 어떻게 하면 평생의 좋은 친구를 사귈 수 있을지에 대해 알아보았다. 진정한 친구는 많을 필요도 없거니와 많을 수도 없기에 그만큼 소중히 여겨야 한다. 어디에서든 좋은 친구를 사귀어 소중한 우정을 만들어가길 바란다.

생각 연습

① 당신의 가장 친한 친구는 누구인가? 당신들은 왜 친해졌나?
② 우정에 필요한 세 가지 요소를 기준으로 친구와 함께 점수를 매겼을 때 두 사람의 점수는 비슷했는가?

Chapter 13
가족애: 가족의 사랑이 최우선이다

가족애는 우리의 모든 것이다.

사랑, 소통, 이해가 있다면 가족끼리 해결하지 못할 문제는 없다.

엄마, 아빠에게 화를 낸 적 있는가? 반대로 혼나고 벌을 받은 적 있는가? 있다면 그 당시엔 정말 화가 나서 하고 싶지 않았던 말까지 내뱉었을지 모른다. 하지만 잠시 후 화가 가라앉거나 오해가 풀리면 언제 그랬냐는 듯 이내 평소의 관계로 돌아가 즐겁게 생활하지 않았던가? 이는 아무리 기분 나쁜 일이 있어도 우리는 여전히 한 가족이며, 우리에게는 떼려야 뗄 수 없는 가족애가 있기 때문이다.

그럼 가족애란 무엇일까? 가족애란 바로 당신과 부모님 또는 매일 당신을 보살피는 사람과의 관계에서 생길 수 있는, 내 가족에 대한 정 또는 사랑을 말한다.

물론 가족에는 다양한 형태가 있고 문화에 따라 가족에 대한 정의가 다를 수 있지만, 몇 가지 사실만큼은 확실하다. 바로 우리가 이 지구의 어디에 있든 세상에 태어날 수 있었던 것은 엄마와 아빠가 있었기에 가능한 일이었다는 사실이다. 그리고 엄마와 아빠 혹은 다른 어른의 보살핌이 있었기에 우리가 성장할 수 있다는 사실이다.

그들의 보살핌에 우리는 그들에게 호감을 갖게 되고, 그들이 우리를 혼낼 때는 기분이 상하게 되는 것이다. 이렇게 복잡

한 감정이 모두 가족애의 일부분이다. 한 가정에서 웃을 일도,
울 일도 많지만 그래도 여전히 서로를 사랑하는 것이 바로 가
족애다.

따뜻한 포옹

가족애는 대체 어디에서 비롯되는 걸까?

심리학자 해리 할로(Harry F. Harlow)는 실험을 통해 아기와
엄마의 관계를 세밀히 관찰했다. 그의 발견은 이후 심리학자들
이 가족애를 이해하는 데 많은 영향을 끼쳤다. 다만 그의 연구
대상이 사람이 아닌, 원숭이였지만 말이다.

해리 할로는 먼저 갓 태어난 붉은털원숭이 몇 마리를 어미와
분리해 케이지에 넣었다. 그 케이지 안에는 어미 원숭이를 대
신할 두 개의 모형이 들어 있었다. 하나는 나무에 철사를 감아
만든 모형으로 젖을 줄 수 있었고, 다른 하나는 뽀글뽀글한 천
으로 만든 몸통에 가짜 원숭이 얼굴까지 장착했지만 젖을 줄
수 없었다.

새끼 원숭이들은 젖이 있는 모형을 어미로 여겼을까, 아니면
털이 보송보송하지만 젖이 없는 모형을 어미로 여겼을까?

새끼 원숭이들의 선택은 털이 보송보송한 모형이었다. 온종
일 털이 보송보송한 가짜 어미를 꼭 안고 있다가 젖이 필요할

때만 철사가 감긴 나무 모형에게 갔고, 젖을 먹고 난 후에는 곧바로 가짜 어미의 곁으로 돌아왔다. 깜짝 놀라 겁을 먹었을 때는 아무리 배가 고파도 털이 보송보송한 그 가짜 어미의 곁을 떠나지 않았다.

이러한 결과는 당시의 통념을 뒤집어놓았다. 당시 심리학자들은 아이에게 엄마가 중요한 이유로 젖과 음식의 제공자로서의 역할을 꼽으며, 다른 행동들은 모두 별 의미가 없다고 생각했기 때문이다. 심지어 어떤 심리학자들은 아이를 너무 많이 안아주면 오히려 응석받이가 된다고 주장하기도 했다.

하지만 다행히도 지금의 우리는 이러한 생각들이 옳지 않음을 안다. 아기일 때는 의식주를 해결하는 데도 어른의 도움이 필요하지만 따뜻한 포옹 또한 꼭 필요하다. 어른의 체온을 통해 느끼는 친밀감과 그것이 주는 안정감 때문이다.

부모의 사랑으로 말미암아 우리는 용감해진다

털이 보송보송한 모형을 가짜 어미로 둔 가엾은 새끼 원숭이들은 어미의 진정한 온기와 안정감을 느끼지 못해 겁 많은 원숭이로 자랐다. 어려서부터 어미 없이 자란 터라 무리에 섞이지 못하고 구석에 처박혔다.

당시 해리 할로는 일부 새끼 원숭이를 친어미 밑에서 자라게 하되 다른 원숭이와의 접촉을 차단하기도 했다. 그 결과 어미와 함께 고립된 생활을 한 새끼 원숭이들은 성장 후 다른 원숭이를 만났을 때 그들을 피하거나 공격하며 함께 어울리지 못했다. 이를 통해 우리는 엄마가 없는 것도 좋지 않지만 오로지 엄마와 아기만 있는 것도 좋지 않다는 걸 알 수 있다.

부모는 우리를 보살피고, 우리에게 안정감을 주기도 하지만 다른 동족과 어떻게 어울려야 하는지 그 방법을 가르쳐주기도 한다. 아직 어려서 말도 제대로 할 줄 모르는 아기일 때, 우리는 우리를 대하는 부모의 방법을 통해 낯선 사람과 바깥세상을 마주하는 법을 배운다. 심리학에서는 이를 '애착'이라고 한다.

'애착 이론'은 어린 시절 부모로부터 안정감과 사랑을 듬뿍 받을수록 용감하게 세상을 탐험하고 타인도 사랑할 힘이 생기며, 이것이 일종의 선순환을 이룬다고 말한다.

부모는 우리가 사회에 진출하기 전까지 매우 중요한 교육자 역할을 담당해 무엇이 옳은 행동인지, 그른 행동인지를 알려준다. 예컨대 어른을 보면 인사를 해야 한다, 선물을 받으면 고맙다고 해야 한다 등등 사람들과 어울리는 데 필요한 규칙을 가르친다. 그리고 우리가 이러한 사회적 규칙을 배우면 어른들은 우리에게 '철이 들었다'고 말한다.

우리는 부모가 주는 보살핌과 안정감으로 용감하게 세상을 탐험해 사회 진출을 위한 준비를 한다. 그리고 어른이 되어서도 그들과 밀접한 관계를 유지하며 계속 영향을 받는다.

어른들이 서로 싸우는 건 당신의 잘못이 아니다

'어른이 된다'고 하면 어려운 일이 많을 것 같다는 생각이 드는가? 가끔 기분이 안 좋은 부모님의 모습을 보면 그들이 무슨 말을 하고 있는지는 몰라도 말투나 표정에서 서로에 대한 불쾌한 감정이 읽힐 때가 있을 것이다. 이럴 때 당신은 어떻게 하는가?

부모님이 싸운다고 그들이 서로를 사랑하지 않는다거나 이혼하려 한다는 뜻은 아니다. 부모님이 싸우는 모습을 보면 간혹 자신 때문이라는 생각을 갖는 사람이 있는데, 분명히 얘기하지만 이는 절대 당신의 잘못이 아니다! 어른들 사이의 갈등은 어른 자신들의 몫이다. 부모님 중 누군가가 물건을 집어 던지거나 사람을 밀치며 폭력을 쓰는 등 너무 심하게 싸운다고 생각된다면, 이럴 때는 다른 어른에게 알려야 한다. 그러니 이런 일이 벌어진다면 학교 상담 선생님이나 믿을 만한 어른을 찾아가 도움을 청하자.

우리는 누구나 더 나은 내가 되길 바라고, 더 화목한 가정이 되길 꿈꾼다. 기회가 있을 때마다 부모님을 꼭 안아주며 이렇게 말해보자.

"고마워요. 사랑해요."

가족은 우리와 가장 친밀한 작은 세계이며, 가족애는 우리의 모든 것이다. 집에서는 모두가 한 팀이기 때문에 서로 잘 살 수 있도록 모두가 힘을 보태야 한다. 갈등이 발생해도 괜찮다. 서로에 대한 사랑과 소통과 이해가 있다면, 가족 간의 그 어떤 문제도 해결할 수 있을 테니까 말이다.

생각 연습

① 함께 사는 가족에는 누가 있는가? 당신은 평소 가족을 위해 어떤 일을 분담하는가?

② 온 가족이 함께 식사하는 자리에서 서로에 대한 생각과 마음을 나눠보자.

③ 가족과 오해가 생기거나 갈등을 빚었던 적이 있는가? 그렇다면 기회를 봐서 대화를 나누고 "미안해요. 사랑해요"라고 말해보자.

Chapter 14
동조: 친구에게 "NO"라고 말하는 용기

여러 사람의 의견을 따르는 게 잘못은 아니지만,
자신의 마음속에는 '원칙'이라는 이름의 '자'가 있어야 한다.

초등학생 시절, 나의 가장 큰 취미는 '공룡 카드'를 수집하는 것이었다. 집 근처에 있는 가게에서 풍선껌을 사면 따라오는 증정품이었는데, 저마다 다른 카드가 들어 있어서 어떤 카드를 얻게 될지는 온전히 운에 달렸다. 그래서 비교적 희귀한 카드가 나오면 나는 이를 학교에 가져가 자랑하곤 했다. 그러면 친구들은 항상 이렇게 말했다.

"와! 부럽다!"

이 말을 들으면 얼마나 어깨가 으쓱했는지 모른다.

이후 나는 미국으로 이민을 갔는데, 그곳의 아이들은 공룡 카드를 수집하지 않았다. 그들은 다른 카드를 수집했는데, 바로 야구 카드였다. 그 카드에는 메이저리그에서 활동하는 프로 야구선수들의 사진이 인쇄되어 있고, 그 뒷장에 타율이나 홈런 횟수 등 해당 선수의 데이터가 적혀 있었다.

친구들 사이의 공통 화제

누르스름한 피부에 영어도 잘하지 못하는 내가 나의 공룡 카드를 꺼내 미국 친구들에게 자랑했을까? 짐작했겠지만 나는 단 한 번도 카드를 꺼내 보인 적이 없었다. 오히려 미국 친구들을 따라 야구 카드를 모으기 시작했다. 당시엔 야구 경기에 대해 잘 알지도 못했지만, 나는 친구들을 따라 미친 듯이 야구 카드를 구매하고 그것에 관해 얘기했다. 나도 야구 카드가 정말 멋지다고 생각했다.

한때 많은 용돈을 투자할 만큼 내 삶에 중요한 한 부분을 차지하던 공룡 카드는 그렇게 뒷전으로 밀려 종이상자 안으로 들어갔다.

매번 이 일을 생각할 때면 낭비한 돈이 아깝기도 하고, 친구나 군중심리가 우리에게 얼마나 많은 영향을 주는지 새삼 깨닫는다.

실제로 친구 사이는 함께 어울리며 서로에게 영향을 준다. 그러나 본받고 싶을 만큼 좋은 성격으로 좋은 영향을 주는 친구만 있는 것은 아니다. 함께 수업을 땡땡이치자고 꾀고, 편의점에서 물건을 훔치라고 종용하고, 집단 따돌림에까지 가담시키며 나쁜 영향을 주는 친구도 있다.

다들 그러니, 나도

우리가 친구들의 압력에 굴복하는 것은 다양한 심리적 이유 때문이다. 어떤 아이들은 누군가에게 사랑받고 받아들여지길 원하며 친구들의 압력에 굴복한다. 그들은 모두를 따라 함께하지 않으면 놀림거리가 되고, 무시당할까 봐 두려워한다. 어떤 아이들은 친구들이 하고 있는 무언가를 보며 호기심에 따라 해보고 싶다는 생각을 품기도 한다. 때로는 "다들 이렇게 해"라는 타인의 한마디가 행동의 충분한 이유가 되기도 한다.

'여러 사람의 의견을 따르는 것'은 지극히 정상적인 행동이다. 심리학자들은 군중심리에 대해 흥미로운 실험을 했다.

우리는 보통 엘리베이터에 탈 때, 엘리베이터로 걸어 들어가 몸을 돌려 층수 버튼을 누른 다음 문과 마주하고 선다. 그런데 이 실험에서는 실험 중임을 모르는 사람이 엘리베이터에 탑승한 후, 층마다 지령을 받은 사람들이 엘리베이터에 탑승했다. 엘리베이터에 타거든 문과 반대 방향인 벽을 보고 서 있으라는 지령이었다.

처음에는 문을 보고 서 있던 사람도 아무런 반응을 보이지 않았다. 하지만 엘리베이터 안에 사람이 많아지고, 그들이 하나같이 벽을 보고 서자, 결국 그도 다른 사람들을 따라 벽을 보고 섰다. 남들과 다른 유일한 사람이 되고 싶지 않았기 때문이다.

당혹스러운 듯 엘리베이터 안을 두리번거리다 모두를 따라 같은 행동을 보인 그의 모습은 마치 몰래카메라 속 주인공처럼 꽤 코믹했다. 엘리베이터 안에서 상황을 알지 못하는 이는 단 하나뿐이라는 사실을 다른 사람들은 모두 알고 있었기 때문이다.

친구에게 "NO"라고 말할 때의 엄청난 부담

심리학자들은 '여러 사람의 의견을 따라야 한다는 부담'이 인간이 가진 가장 강력한 심리적 스트레스임을 발견했다. 무리에 어울리지 못한다는 사실은 인간을 고통스럽게 만들었다. 일반적으로 성격이 유순해 타인과의 충돌이나 갈등을 꺼리며 모두와 두루 잘 지내고 싶어 하는 인물일수록 여러 사람의 의견을 따르는 경향이 두드러졌다.

여러 사람의 의견을 따르는 것이 꼭 나쁘다고 볼 수는 없다. 친구와의 상호작용은 서로에게 성장의 원동력이 되어주는 것처럼 좋은 영향을 끼치기도 하기 때문이다. 물론 유순한 성격의 사람이 나쁜 친구를 사귀면 문제가 될 수 있다. 나쁜 친구가 주는 부정적인 영향을 거부하기 어려울 테니까 말이다.

여러 사람의 의견을 따라야 한다는 압박에 분명 자신이 원치 않는 일임에도 혹은 분명 옳지 않은 일임에도 억지로 따라야 하는 상황이 닥친다면 당신은 어떻게 하겠는가? 예컨대 친구들이 다른 친구를 괴롭히는 일에 당신을 끌어들이려는 상황이라면?

사실 친구들에게 "NO"라고 말하는 데는 아주아주 많은 용기가 필요하다. 하지만 그래도 할 수 있어야 한다.

우선 일의 옳고 그름을 분별하고, 더 나아가 그 일을 했을 때의 결과를 생각할 줄 알아야 한다. 편의점에서 친구와 함께 물건을 훔치는 것이 옳지 않은 행동이며, 그 이후의 결과 또한 좋지 않을 것임을 안다면 반드시 중심을 잡고 현장을 떠나야 한다.

친구가 "왜 안 해? 무섭냐?"라고 묻는다면 아마 당신은 "엄마 아빠가 그런 일을 하면 안 된다고 했어"라고 대답할 것이고, 그러면 친구는 당신을 "마마보이(혹은 마마걸)"라고 놀릴 것이다. 이보다 더 좋은 방법은 훨씬 많은 용기가 필요하지만, 자신의 성숙함을 드러낼 대답을 하는 것이다.

"나는 물건을 훔치지 않아."

다른 부연 설명이나 핑계를 댈 필요 없이 이렇게 간단한 한마디면 충분하다.

이 말이 엄마 아빠가 그러면 안 된다고 했다는 말과 다른 점은 다른 누가 시켜서가 아니라 나 스스로 하지 않겠다고 내린 결정이라는 데 있다. 즉, 나는 원칙이 있는 사람이며 그 원칙을 지킬 사람임을 보여주는 대답인 것이다.

　한편 자신과 같이 "NO"라고 말할 수 있는 친구를 찾는다면 많은 도움이 될 것이다. 앞서 언급했던 군중심리 실험에서 벽을 마주하고 서지 않은 사람이 한 명이라도 더 있었다면, 원래 문을 보고 서 있던 사람도 몸을 돌려 벽과 마주 서지는 않았을 것이다. 나와 같은 편에 서 있는 친구가 한 명이라도 있으면 두 사람은 서로에게 힘이 되어 다수의 의견을 따라야 한다는 압박에 저항하기 쉬워지기 때문이다.

　또한 '친구를 가려 사귀는 것'도 상당히 중요하다. 친한 친구가 무단결석이나 부정행위를 하지 않는다면, 그만큼 나쁜 영향을 받을 일도 줄어든다는 뜻이니까 말이다.

　나쁜 친구에게 계속 압박을 받는 상황이라면, 학교 상담 선생님이나 믿을 만한 어른에게 상황을 알리길 추천한다. 자신이

저지른 한두 번의 실수 때문에 어른에게 알리는 것을 꺼려서는 안 된다. 예전에 잘못을 저질렀다 하더라도 우리는 언제든지 다시 시작해 옳은 일을 할 수 있다. 그러니 죄책감 때문에 계속 잘못을 저지르는 어리석은 일은 없도록 하자.

다수의 의견을 따르는 건 잘못이 아니다. 하지만 무엇이 옳은 일인지를 가늠하는 '원칙'이라는 마음의 '자'가 있어야 한다. 원칙 있는 사람은 유별나도 타인에게 존경받는다. 부디 이 글을 읽는 당신이 다른 사람들과 함께 어울려 지내면서도 정도와 원칙을 지키며 주변인들에게 긍정적인 영향력을 행사할 좋은 인물이 되길 바란다.

① 나와 친구들의 공통 화제는 무엇인가?

② 내 주변의 친구들은 나에게 긍정적인 영향을 주는가, 부정적인 영향을 주는가?

③ 또래의 압력에 스스로 옳지 않다고 생각하는 일을 한 적이 있는가? 그런 상황이 다시 온다면, 그에 대처할 더 좋은 방법이 있는가?

Chapter 15
감정: EQ 학습

기분 나빠지지 않으려고 일부러 행복한 척할 필요는 없다.

자신의 감정이 어떤지를 스스로 인식할 때 진정한 행복이 찾아온다.

기분이 안 좋을 때, 우울하고 괴로울 때 어떻게 해야 할까? 방과 후, 몇몇 친구와 모여앉아 기분 나쁜 일에 관하여 얘기해보자. 나의 괴로움은 너의 아픔과 다르고, 너의 아픔은 나의 슬픔과 다르니, 그렇게 다 같이 슬퍼해보는 것이다. 이 방법은 사실 별로 건설적이지는 않지만, 각자의 불쾌감 속에서 배움을 얻어 다음번에 또 불쾌감이 찾아왔을 때 그 감정을 다스리는 데 도움을 준다.

좌절은 두렵지 않아, 계획대로 물리치자

소미는 매우 슬펐다. 태권도 시범단 선발전 참가를 위해 오랜 시간 준비했는데, 예선에서 탈락했기 때문이다. 소미가 슬픈 건 좌절감이 들어서였다.

'좌절감'은 우리의 성장 과정에서 흔히 느낄 수 있는 감정이다. 최근 당신은 무슨 일 때문에 좌절감을 느꼈는지 기억하는가?

잘못의 원인이 자신에게 없을 때 우리는 실망을 하고 또 화를 낼 수도 있지만, 그리 오랫동안 풀이 죽는 건 아니다. 그러나 잘못의 원인이 자신에게 있다고 느껴질 때는 비교적 쉽게 낙담하고 자기 자신을 못살게 군다. 이렇게 좌절감이 들 때는 이 좌절이 내게 어떤 반성과 개선의 기회를 줄 수 있을지, 또 어떻게 더 나은 내가 될 수 있을지를 자문해보자.

좌절감에 대처하는 가장 좋은 방법은 종이와 연필을 꺼내 이번에 자신이 소홀했던 점은 무엇인지, 어디에서 문제가 생겼고, 이를 어떻게 개선할지(이게 정말 중요하다)를 차분히 적어보는 것이다. 이렇게 '반성하고, 앞으로의 계획을 적는 행위'는 매우 중요하다. 이러한 계획 없이는 자신이 좌절을 겪었던 곳에서 자꾸 넘어지고, 결국 그곳에 주저앉을 수 있다. 우리에겐 다음에 더 잘할 수 있는 계획이 필요하다. 이 계획이 좌절에서 비롯되는 부정적인 감정을 해소하는 데 도움을 줄 테니까 말이다.

실망감을 극복하고 매일 조금씩 발전하기

남이는 자신이 '뭘 해도 도움이 안 된다'는 생각에 매우 슬펐다. 남이는 말했다.

"엄마, 아빠가 저처럼 이렇게 멍청해서는 평생 아무것도 이룰 수 없을 거래요."

부모님이 당신에게 이런 말을 한다면 당신은 어떨까? 당연히 낙담할 것이다! 곁에 있는 사람으로부터 멍청하다, 게으르다, 못났다 등의 말을 계속 듣다 보면 어느새 그들의 말을 믿게 되어 무력감에 빠지고 만다.

지금 이런 무력감에 빠져 있다면, 나의 힘으로 상황을 돌파해 더 나은 내가 될 수 있다고 믿어야 한다. 인간은 끊임없이 성장하고, 변화하고, 거듭난다. 머리카락을 잘라도 얼마 후면 다시 자라나듯, 우리의 몸속 세포도 끊임없이 소멸과 생성을 반복하며 거듭난다. 과학자들에 따르면, 우리 몸속의 세포는 7년에서 10년 주기로 재생성된다고 한다. 다시 말해서 우리는 약 7년마다 새로운 사람이 되는 셈이다! 그런데 당신은 무슨 근거로 자신을 바꿀 수 없다고 생각하는가?

누군가에게 무시당해 낙담한 상황이라면 어느 방면에서든 매일 조금씩 발전할 수 있도록 자신에게 작은 목표를 부여해 보길 추천한다. 예를 들면 매일 10분 더 공부하기, 단어 20개씩 더 외우기, 매일 10분씩 운동하기, 매일 5분 일찍 일어나기 등과 같은 작은 목표를 세워 실행하고 그 수준을 조금씩 천천히 높여가는 것이다. 이렇게 꾸준히 하기만 해도 분명 실망스런 상황을 돌파할 수 있을 것이다.

우리는 매일의 작은 발전을 쉽게 간과한다. 그러나 이는 자신의 한계를 돌파하는 데 매우 중요한 기초가 된다. 오늘의 나는 전날의 나보다 어느 방면에서 조금 더 발전했는지를 매일 노트에 기록해보자. 아주 조금씩일지라도 일정 기간 지속하다

보면 어느새 예전과 확연히 달라진 자신을 발견할 것인데, 이는 정서적으로 큰 도움이 될 것이다.

몸이 건강해야 기분도 좋아진다

준이는 몸이 아파서 기분이 울적하다. 꽤 오랫동안 지속되어 온 편두통 때문이다. 준이의 경우 자세한 검사를 받을 수 있도록 병원에 데려다달라고 부모님께 요청하거나 공부 시간과 휴식 시간을 조정하고 식습관을 개선할 필요가 있다.

우리의 심리적 상태는 생리적 상태와 하나로 묶여 있다. 다시 말해서 몸이 건강해야 기분도 좋아질 수 있다는 뜻이다. 예컨대 감기 기운이 있을 때 잠을 늦게 잔다거나 기름진 음식, 달콤한 간식, 탄산음료 등을 즐기며 불규칙한 식사를 한다면 이 모든 것이 몸과 마음에 부정적인 영향을 주게 된다.

좋은 기분을 유지하기 위해 우리가 해야 할 가장 기본적인 일은 바로 자기 몸을 건강하게 관리하는 것이다. 충분히 잠을 자고 균형 잡힌 식사를 해야 한다. 그럴 때 정신이 맑아지고 기분도 좋아질 것이다.

명이의 문제는 무엇일까? 그의 가장 큰 문제는 바로 별문제 없어 보인다는 데 있다!

명이는 공부도 잘하고, 가정환경도 좋다. 부모님은 물론이고 교장 선생님까지 복도에서 명이를 만나면 특별히 인사를 건넬 정도로 선생님들의 사랑과 지지를 듬뿍 받고 있다. 그러니 달리 불만을 가질 만한 게 뭐 있으랴! 다른 친구들도 모두 이렇게 입을 모았다.

"너 같은 모범생이 힘든 일이 뭐 있겠어?"

하지만 명이는 행복하지 않다. 왜인지는 자신도 모른다. 그는 말했다.

"뭘 해도 즐겁지가 않아. 내가 아는 건 분명 행복하지 않은데 행복한 척해야 한다는 거야. 그런데 가장 슬픈 사실이 뭔 줄 알아? 내가 왜 괴로운 건지 나도 그 이유를 모르겠다는 거야!"

그가 친구들에게 "인간은 무엇을 위해 사는 걸까?"라는 말을 하면, 친구들은 그를 이해하지 못했다. 그가 불만을 터뜨리면 다들 이렇게 말했다.

"넌 그렇게 멋지게 살면서 무슨 트집을 잡고 그래?"

명이는 자기 삶과 미래에 대해 많은 생각과 의문이 들었지만, 이를 말하거나 질문할 엄두를 내지 못했다. 모든 사람이 그의 성적을 중요하게 여기며 계속 공부 잘하는 모범생으로 남아

주길 바랐기 때문이다. 명이는 좋은 성적 외에도 뭔가를 더 해야 하지 않을까 궁금했다. 그는 매우 고심했고 당혹해했으며 늘 걱정했다.

나는 명이에게 이러한 고민을 마음에 담아두지 말고 학교 상담 선생님이나 자신이 어떤 생각을 하고 있는지 알고 있는 어른을 찾아가 대화해보라고 권했다. 분명 자신을 이해하고 이끌어주는 사람이 있을 것이라고 하면서 말이다.

몇 해 전 픽사에서 〈인사이드 아웃〉이라는 애니메이션을 내놓았는데, 개인적으로 모두에게 이 작품을 추천하고 싶다. '자신의 감정을 마주하라'는 메시지를 담고 있기 때문이다. 때로는 자신이 좌절한 상태임을 인정할 줄 아는 용기가 필요하다. 나쁜 기분을 피하려고 일부러 행복한 척하거나 문제를 회피해서는 안 된다. 자신의 감정이 어떤지를 스스로 인식할 때 진정한 행복이 찾아온다.

우리의 울적함에는 다양한 원인과 다양한 처리 방법이 있다. 자신의 감정을 받아들이고 이를 분별해 제어하며 개선하는 능력을 EQ(감성지수)라고 하는데, 이는 우리가 평생 배워야 할 중요 능력 중 하나다.

생각 연습

① 오늘의 기분은 어떤가? 기분이 좋든 나쁘든 이를 용기 있게 마주하고 이해하자.
② 실망감과 좌절감이 밀려올 때, 종이를 꺼내 그 원인과 개선책을 적어보자.

Chapter 16
성장: 사춘기라는 폭풍

사춘기의 두뇌는 특히나 친구의 영향을 받기 쉽다.

그렇기에 자신을 더 나은 사람으로 만들어주는 좋은 친구를 사귀어야 한다.

어른들은 항상 이렇게 묻는다.

"커서 뭘 하고 싶니?"

혹은 이런 말로 넘어가기도 한다.

"너도 크면 알게 될 거야. 그러니 지금은 더 이상 묻지 마!"

하지만 '큰다'는 건 무슨 뜻일까? 18세 생일이 되면 문득 '아, 나 큰 것 같아'라고 깨달음을 얻게 될까?

성장은 점진적 과정인데, 우리는 평생 성장한다. 더 이상 키는 자라지 않더라도 몸은 계속 변화하며, 늙을 때까지 마음도 나이를 따라 성장해간다.

심리학 중에는 사람의 마음속에서 일어나는 갖가지 변화를 연구하는 '발달심리학'이라는 것이 있다. 발달심리학을 다루는 학자들은 '어떤 변화가 생기는지'보다 '왜 그런 변화가 일어나는지'에 주목한다.

변화가 큰 사춘기

사춘기는 특히 변화가 큰 시기다. 이러한 변화는 크게 몇 가지로 나눌 수 있는데, 그 첫 번째가 바로 신체적 변화다. 남학생은 주로 만 13세 즈음하여 변화가 나타나고, 여학생은 이보다 1~2년이 빠른 편이다. 이 시기엔 키가 자람과 함께 남학생은 근육이 발달하고 목소리가 굵어지며, 여학생은 가슴이 발달하고 월경을 시작한다. 여드름이 나서 속을 썩이는 것도 바로 이 시기인데, 이는 모두 사춘기의 정상적인 신체 변화 증상이다.

신체 중 눈에 띄지 않는 곳에서도 많은 변화가 일어난다. 성장호르몬 등이 우리의 생리시계를 변화시키기 시작해 잠이 많아지는가 하면, 한밤중엔 쌩쌩하다가 아침엔 도통 일어나질 못하는 야행성 인간이 되기도 한다. 몸이 빠르게 성장하는 만큼 식사량도 늘어나는데, 어떤 친구들은 뚱뚱해지는 게 싫다며 그동안 신경 쓴 적 없던 몸무게를 갑자기 관리하기 시작하기도 한다.

사춘기에 생기는 또 다른 변화는 바로 심리적인 변화다. 정신과학자들의 말에 따르면 사춘기 청소년들은 생리시계가 늦춰지는 것 외에도 감정의 기복이 심해져 더 예민해지고, 더 쉽게 상처를 받는다. 관심과 인정을 받고 싶으면서도 관심의 중심에 서는 것은 두려운 모순적인 심리상태에 놓이기도 한다.

또한 사춘기에는 '연애'에 대한 호기심과 갈망이 생기기 시작한다. 사춘기 때 외부 활동이 많아지는 이유도 바로 호르몬 촉진이라는 힘 때문이다. 바깥세상과 친구에게 관심이 향하면

서 가정의 품으로부터 멀어져 부모와의 대화도 상대적으로 줄
어든다.

사춘기를 겪는 당사자는 자신의 감정과 몸 안의 새로운 에너
지를 어떻게 처리해야 할지 몰라 쉽게 짜증을 낸다.

머릿속의 작은 폭풍

뇌신경 연구 결과에 따르면, 사춘기의 두뇌는 어렸을 때와
확연한 차이를 보인다.

우리의 이마 뒷부분에 위치한 뇌 영역 중 '내측전전두엽피
질'이라는 부위가 있는데, 사춘기가 되면 바로 이 부위가 특히
활발해진다. 이 부위의 발육으로 말미암아 우리는 다른 사람의
생각에 더 신경을 쓰고, 자발적으로 나서며, 좀 더 주목받고 인
정받길 원하는 동시에 다른 사람의 시선과 평가를 의식한다.
그러나 두뇌의 여러 부위가 사춘기에 특히 활성화되는 것과 달
리 감정과 충동을 제어하는 '안와전두피질'은 25세 정도가 되
어야 비로소 성숙한다. 청소년들이 자극을 쫓는 이유도, 쉽게
주변 친구의 영향을 받는 이유도, 유혹이나 타인의 종용을 쉽
게 거부하지 못하는 이유도 바로 이 때문이다.

'맙소사! 부모에게 아이의 사춘기는 그야말로 악몽이겠구
나!'라고 생각했다면 "꼭 그렇지만도 않다"라고 말하고 싶다.

사춘기에 인간의 몸과 두뇌에는 확실히 작은 폭풍과도 같은 변화가 발생한다. 그러나 이러한 청춘 에너지에 맞설 것이 아니라 이를 이해하고 받아들이는 방법을 찾아 우리의 일부분이 될 수 있도록 해야 한다.

여러 종족의 오랜 원주민 문화에는 부락의 소년이 사춘기를 잘 보낼 수 있도록 도와주는 '성인식'이라는 것이 있다. 성인식 기간에는 보통 젊은이들을 숲으로 보내 며칠간 스스로 사냥하도록 하는 등 시험을 치른다. 예컨대 오스트레일리아의 원주민은 젊은이들을 사막으로 보내 몇 달간 생활하게 한다. 그리고 그들이 돌아왔을 때 부락의 장로가 '성인'이 된 그들을 환영하는 의식을 거행한다. 이때 그들은 더 이상 어린아이가 아니라 권리와 책임을 지닌 어엿한 어른으로 인정받는다.

사춘기의 과제

요즘 청소년들에게 사춘기는 참으로 견디기 힘든 과정이 아닐 수 없다. 그러나 청소년으로서 자신의 의견을 가지는 것은 좋지만, 사춘기를 핑계로 공연히 말썽을 피우는 일은 없어야 한다. 자신의 머릿속에서 폭풍이 일어나고 있다고 해서 자신의 주변에까지 비바람이 몰아치도록 해서는 안 된다는 뜻이다. 그렇다면 이 과정에서 우리가 할 수 있는 일에는 무엇이 있을까?

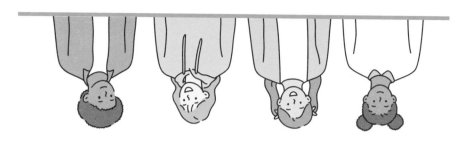

스트레스 해소와 올바른 에너지 발산을 위해 두 가지 방법을 추천한다. 우선 자신의 사춘기를 이해할 필요가 있다. 자신의 몸과 머릿속에서 어떤 변화가 진행되고 있는지 관련 지식을 쌓고 만반의 준비를 해야 한다. 또한 충분한 수면과 균형 잡힌 식사, 그리고 적당한 운동으로 자신의 몸을 돌봐야 한다. 더 건강하고 균형 잡힌 몸을 위해서, 운동을 통해 스트레스를 풀고 몸 안에 들끓는 청춘의 에너지를 원활하게 순환시키기 위해서 말이다.

좋은 친구를 찾아야 할 필요도 있다. 사춘기의 두뇌는 친구 의견에 특히 민감하게 반응하는 만큼 친구의 영향을 받기도 쉽기 때문이다! 그러므로 함께 나쁜 짓을 할 친구가 아니라 더 나은 나로 거듭날 수 있게 해주는 친구를 사귀어야 한다. 같은 에너지라도 나쁜 친구들 사이에서는 서로에게 상처가 되는 반항적 행동으로 변질될 수 있지만, 좋은 친구들 사이에서는 새롭고 창의적인 표현이 될 수 있다는 걸 기억해야 한다. 또한 다른 사람을 배척하기 쉬운 때가 사춘기인 만큼 소속감을 찾는 동시에 그룹을 만들어 다른 사람을 존중하는 법을 배워야 한다. 이는 이 시기에 매우 중요한 과제이다.

이때 자신과 나이 차가 많이 나지 않으면서 사춘기의 마음을 이해할 수 있는, 어떤 의미에서 보면 성인이라고 할 수 있는 선배를 찾아가 이야기를 나눈다면 큰 도움이 될 것이다.

이 밖에도 다른 사람과 소통하는 법, 자신의 마음속 감정을 표현하는 법을 배우는 일 또한 매우 중요한 과제인데, 소통의 기술을 배우면 가족과의 관계 개선에도 도움이 된다.

나는 내가 누군지 알아

마지막으로 어느 분야에서든 능력을 키워 그로부터 자신감을 장착하길 바란다.

발달심리학 분야에서 매우 중요한 인물인 심리학자 에릭 에릭슨(Erik Erikson)은 청소년기에 반드시 확립해야 할 두 가지 자신감이 있다고 했다. 그중 하나는 '근면'으로, '나는 내가 능력 있는 사람이며, 근면해질 수 있는 사람이라고 믿어'라고 말할 수 있는 자신감이다. 다른 하나는 '정체성 확립'으로, 쉽게 말하면 '나는 내가 누군지 알아'라고 말할 수 있는 자신감이다.

에릭슨은 부모가 아이에게 자기 자신을 탐구하는 기회를 준다면 아이는 분명 정체성을 확립할 것이라고 주장했다. 반대로 부모가 아이에게 계속 스트레스를 주면, 아이는 부모 기대에 부합하려고 애쓰는 가운데 정체성의 혼란을 겪을 것이라고 말했다.

당신이 이미 사춘기에 접어들었다면 공부 말고 다른 분야에서는 아마도 막연함을 느끼고 있을 것이다. 부모님의 단속이 큰 스트레스로 다가오지만 이를 어떻게 풀어야 할지 모를 수도 있다. 당신이 이와 같은 상황에 놓여 있다면 춤, 바둑, 코딩, 글쓰기, 테니스, 달리기 등 어느 분야라도 좋으니 당신의 장점을 살려 키워보자. 당신이 흥미를 느끼는 분야에 에너지를 쏟아 그 속에서 성과와 발전을 이뤄보는 것이다. 이러한 과정이 당신을 더 자신감 넘치고, 더 '자존감' 높은 사람으로 만들어 좀 더 충실한 삶을 살 수 있게 해줄 테니까 말이다.

나도 사춘기의 폭풍을 겪었다. 자아를 찾겠다고 배낭을 둘러매고 북극에서 적도까지 여행을 떠나기도 했으며, 그 후《나를 찾아서》,《Why not? 나에게 자유를》같은 책 몇 권을 쓰기도 했다. 이러한 경험은 지금까지도 나의 성장에 밑거름이 되어주고 있다.

당신도 자신의 사춘기를 좀 더 잘 이해할 수 있길 바란다. 사춘기는 반드시 겪어야 할 진통 같은 것이지만, 그만큼 수확할 것이 있는 과정이니 긍정적으로 바라보자. 자, 행운을 빈다!

생각 연습

① 당신은 사춘기를 보내고 어떤 성년식을 맞이하고 싶은가?
② 사춘기에 어떤 생리적, 심리적 변화가 발생하는지 관찰해
보자.
③ 당신의 에너지를 쏟아부어 자신감을 얻을 만한 취미나 특기
가 있는가?

Chapter 17
긍정: 행복은 당신이 생각하는 것과 다르다

> 매일 잠자기 전에 오늘 있었던 일 중 감사할 만한 일 세 가지를 생각해보자.
>
> 이렇게 2주를 지속하면 나름대로 긍정적인 내가 될 것이다.

'삶의 의미'가 무엇인지 생각해본 적 있는가? 심오한 질문처럼 들릴지 모르겠지만 이는 우리에게 매우 중요한 문제다.

  주변 어른들에게 "학교는 왜 가야 하고, 시험은 왜 봐야 하는 거죠? 그 많은 숙제를 해야 하는 이유는 또 뭔가요?"라고 묻는다면 어른들은 이렇게 답할 것이다.

  "학교에 가야 많은 것을 배울 수 있잖니! 시험을 보는 이유는 좋은 학교에 들어가기 위해서고. 좋은 학교에 들어가야 좋은 직장을 구하지."

  "좋은 직장을 구하면 어떤데요?"

  "당연히 더 많은 돈을 벌 수 있지!"

  "돈은 많이 벌어서 뭐 해요?"

  "더 나은 생활을 할 수 있잖니!"

  "더 나은 생활을 하면 또 뭐가 달라지나요?"

  "더 나은 생활을 할 수 있기에 인생이 행복해지는 거야!"

  우리가 왜 이런 일들을 해야 하는지 그 이유를 따지다 보면 결국 같은 결론에 이른다. 바로 '만족감과 행복감을 느끼기 위해서'다. 하지만 대체 행복이란 뭘까? 왜 우리는 우리의 모든 노력을 쏟아부어 행복을 얻으려 할 정도로 그것을 중시하는 걸까?

과거 심리학자들은 '슬픔이 없는 것'이 곧 행복이라고 여겼다. 그런 까닭에 꽤 오랜 시간 동안 연구의 초점은 주로 '슬픔을 줄이는 방법'을 찾는 데 맞춰져 있었다. 심리학자들은 최선을 다해 인간이 슬픔을 느끼는 원인을 찾았고, 온갖 치료 방법과 약물을 개발해 인간의 슬픔을 잠재우려 했다. 그러나 훗날 그들은 슬프지 않다고 해서 반드시 행복해지는 것은 아님을 발견했다.

심리학자들은 행복과 돈이 그리 큰 관계가 없다는 사실도 알아냈다. 낙후 지역에 거주하는 가난한 사람들에게서 실제로 가진 것은 없지만 행복하게 살아가는 모습을 보게 된 것이다. 반대로 어떤 이들은 가진 돈도 많고, 으리으리한 집에 거주하며, 매일 산해진미를 먹고 살면서도 행복해하지 않았다.

어떻게 해야 행복해질 수 있을까?

당신은 '학교에 갈 필요도, 집안일을 할 필요도 없다면 행복할 텐데'라고 생각했을지 모른다. 그러나 정말로 이런 생각을 했다면 심리학자들의 연구 결과에 또 한 번 깜짝 놀랄 것이다. 그들의 연구 결과에 따르면, 일할 필요가 없는 사람들 중 다수가 오히려 막막함과 불행함을 느낀 반면 하루에 다 처리하지 못할 정도로 일이 많아 바쁜 사람들 중 다수가 매우 행복하다고 느꼈기 때문이다.

이게 대체 어떻게 된 일일까? 왜 우리의 생각과 전혀 다른 결과가 나온 걸까? 이러한 현상은 심리학자들의 관심을 끌었다. 궁극적 삶의 목표가 행복감과 만족감을 얻는 데 있다면, 이 목표의 달성 방법을 진지하게 연구해볼 필요가 있겠다고 그들은 생각했다. 그렇게 탄생한 것이 바로 '긍정심리학(Positive Psychology)'이다.

긍정심리학은 '아름다운 인생이란 무엇인가?'를 집중 연구하는 학문으로, 심리학자들은 어떻게 하면 유의미하고 만족스러운 삶을 살아갈 수 있을지를 과학적 방법으로 파헤쳤다.

긍정심리학의 주요 연구 과제는 세 가지다.

첫째, 어떤 경험이 우리에게 만족감과 행복감을 주는가?

둘째, 남들보다 쉽게 만족감을 느끼며 행복해하는 사람들이 가진 개인적 특징은 무엇인가?

셋째, 어떤 기관이나 조직이 그 안에 속한 사람들을 더욱 행복하게 만들고, 나아가 생산효율까지 높일 수 있는가?

긍정심리학자들은 세계 각지에서 온 9세부터 99세까지의 사람들을 만났고, 이 과정에서 놀라운 사실을 발견했다. 행복하고 만족스러운 삶이란 끊임없는 향락에서 비롯되는 것이 아니었다. 생각해보라. 1년에 한두 번만 놀이공원에 놀러 간다면 우리는 그날을 기대하고, 또 그 안에서 여러 기쁨을 누릴 것이다. 그러나 매일 놀이공원에 놀러 간다면 아무래도 신나는 마음이 덜하지 않겠는가?

많은 사람이 열심히 일하면서 만족감과 행복감을 느낀다. 그들에게 그들이 하는 일은 조금 도전적이기는 하지만 그렇다고 그리 어려운 일도 아니기 때문이다. 또한 그들은 자신이 하는 일이 중요하다고 생각해 그 일에 빠져들었다. 심지어 시간이 가는 것도 모른 채 자신이 일하고 있다는 사실조차 잊을 정도로 집중했다.

심리학자들은 이러한 심리상태를 '몰입(Flow)'이라고 명명했다. 그들은 자주 몰입상태에 빠지는 사람일수록 더 쉽게 만족감과 행복감을 느낀다는 사실을 발견했다. 자신을 바쁘게 만드는 것이 행복감을 느낄 방법일 거라고 누가 생각이나 했겠는가!

긍정심리학자들은 우리가 스스로 도전 과제를 설정하고, 반복적인 연습으로 조금씩 성장해 끝내 목표를 달성할 때 더할 나위 없는 행복감을 느낀다고 말한다. 당신에게도 이런 경험이 있는가? 악기나 외국어를 배우면서 스스로 많이 늘었다는 생각이 들어 성취감을 느꼈던 경험 같은 거 말이다.

긍정심리학자들의 결론은 행복하고 만족스러운 삶에는 도전이 필요하며, 노력 또한 필요하다는 것이다. 이 노력은 사람을 몰입하게 만들고, 더 나아가 성장하게 하는 매우 의미 있는 일이다.

매일에 감사하기

가난하거나 어려운 환경 속에서도 여전히 자신의 인생을 아름답게 만드는 사람들이 있다. 이들의 비결은 무엇일까? 이들은 절대 '현실 도피'를 하지 않는다. 고민을 한쪽으로 제쳐두고 즐거움만 좇지도 않는다. 그들은 긍정적인 마음으로 자신이 마주한 도전을 직시하고 또 이를 극복한다. 이건 어떤 특별한 능력일까?

이들은 아주 훌륭한 마음가짐을 가지고 있는데, 그것은 바로 '감사할 줄 안다'는 것이다. 그들은 좋은 일이든 나쁜 일이든 인생에서 일어나는 모든 일을 받아들일 줄 안다. 자신의 강점으로 도전에 맞서며 회피하지 않는다. 이렇게 하면 뜻대로 되지 않는 일을 마주했을 때도 즐거운 마음을 유지하기가 쉽다.

무엇보다 멋진 사실은 이러한 마음가짐을 배우기가 매우 쉽다는 것이다! 매일 밤 잠들기 전 5분씩 그날 있었던 일 중 감사할 만한 일 세 가지를 꼽아 노트에 적어보자. 이렇게 2주를 지속하고 나면 전보다 더 긍정적으로 변한 자신을 발견할 것이다.

또 한 가지 키포인트는 이들 모두 자신의 장점을 잘 활용해 자기 자신은 물론 곁에 있는 사람들까지 돕는다는 사실이다. 이에 긍정심리학자들은 성격적 강점과 덕성을 스물네 가지로 정리해 사람마다 그 비중이 다를 뿐, 누구나 이러한 특징들을 가지고 있다는 결론을 내렸다. 예를 들어 우리는 모두 리더십을 가지고 있지만, 리더십이 특출난 사람이 있다는 것이다.

당신이 가진 뛰어난 성격적 장점이 무엇인지 알고 싶은가? 그렇다면 내가 남긴 웹사이트 링크를 타고 들어가 설문지를 작성해보라(생각 연습 참조). 그러면 당신이 가진 뛰어난 성격적 강점이 무엇인지 알게 될 것이다. 스물네 가지 성격 강점 중에서 점수가 가장 높은 다섯 가지를 당신의 '대표 강점'으로 해석할 수 있다.

당신의 강점을 알았다면 일상생활에서 이를 활용해 당신 자신은 물론 주변 사람들까지 도울 방법을 생각해볼 수 있다. 예를 들어 '창의성'이 자신의 강점이라면, 다음에 반 친구에게 무슨 문제가 생겼을 때 당신의 창의성을 한껏 발휘해 친구를 도울 기발한 방법을 생각해보는 것이다.

더 많은 방법을 알고 있을수록 더 아름다운 인생을 살 수 있다. 일부 학교에서도 이러한 개념을 도입하기 시작했는데, 긍정심리학을 제대로 활용할 줄 아는 학생은 더 행복해졌을 뿐만 아니라 성적도 눈에 띄게 좋아졌다.

　나는 가까운 미래에 '긍정적인 마음'이 전 세계적으로 통용되는 기본 능력이 되길 바라며, 모든 사람이 긍정적이고 적극적인 이 변화의 대열에 함께할 수 있길 희망한다. 항상 미소를 잃지 않고, 긍정적으로 생활하며, 우리에게 허락된 매일에 감사하는 것을 잊지 말자!

생각 연습

① 다른 사람에게 방해받지 않을 만한 조용한 곳에서 인터넷 설문지를 작성해 자신의 성격적인 강점을 알아보자 (http://1class.pro.viasurvey.org).

② 어떤 일을 할 때 시간 가는 줄도 모를 정도로 '몰입'이 되는가? 아직 그런 일을 찾지 못했다면 시간을 들여 다양한 시도를 해보자.

③ 오늘부터 매일 잠자기 전에 오늘의 감사할 만한 일 세 가지를 생각해보고 이를 기록해두자.

Chapter 18
공감: 이해심 많은 사람 되기

> 심리학이 우리에게 주는 가장 큰 도움은
> 나 자신을 좀 더 잘 이해하게 하고,
> 처지를 바꿔 생각할 줄 알게 해준다는 것이다.

심리학이 내게 준 가장 큰 수확은 무엇일까? 심리학은 점술과 같은 것일까? 물론 그렇지 않다. 그렇다면 다른 사람의 속마음을 읽게 해줄까? 꼭 그렇지만은 않다. 내가 얻은 가장 큰 수확은 두 글자로 표현할 수 있다.

이를 밝히기 전에 내가 직접 겪었던 일을 소개할까 한다. 몇 해 전 여름, 나는 가족들을 데리고 미국 올랜도로 휴가를 떠났다. 그곳은 디즈니랜드를 비롯해 유니버설 스튜디오와 씨월드가 있는 그야말로 테마파크의 천국이다. 그러니 우리 가족 모두 이 여행에 대한 기대가 상당했다.

뉴욕 공항에서 비행기에 탑승하려고 로비에 들어선 순간 엄청난 인파가 눈에 들어왔다. 체크인 카운터 앞에는 로비를 몇 바퀴나 돌고도 남을 만큼 긴 줄이 늘어서 있었다. 알고 보니 전날 현지의 악천후 탓에 비행기가 뜨지 못하면서 비행기 운항에 대혼란이 일어난 것이었다. 우리는 여행 가방을 끌고 줄을 선 채 그저 무사히 비행기에 탑승할 수 있길 기도하는 수밖에 없었다.

그렇게 기다리고 또 기다리길 두 시간, 카운터까지는 여전히 상당한 거리가 남아 있었다. 마음이 초조한 건 우리뿐만이 아니었다. 다른 승객들도 거의 미칠 지경인 듯싶었다. 앞쪽에 있던 한 아저씨는 항공사 직원에게 이렇게 소리쳤다.

"비행기 놓치면 당신들이 책임질 거야? 여기 책임자 나오라고 해!"

자신도 어쩔 도리가 없는 직원은 연신 미안하다며 사과할 수밖에 없었는데, 그 모습을 보고 있자니 안쓰럽기 짝이 없었다.

얼마 후 그 직원이 내 옆을 지나가기에 나는 웃으며 그녀에게 말을 걸었다.

"얼른 퇴근해서 따뜻한 물에 몸 담그고 싶으시겠어요!"

내가 불평을 늘어놓을 줄 알았는지, 그 직원은 내 말을 듣고 잠시 멍하게 있다가 이내 미소했다.

"몸 담그면서 아이스크림도 한 통 먹으려고요!"

몇 분 전까지 맥이 풀린 듯 피곤해하던 그녀가 한결 생기 있게 대답했다.

"어제오늘 정말 힘들었겠어요."

나의 말에 그녀가 대답했다.

"고맙습니다. 저희도 최선을 다하는 중이에요."

나는 차분한 말투로 이렇게 말했다.

"저랑 제 아이도 참 곤란하게 됐어요. 비행기 이륙 시간까지 삼십 분도 안 남았거든요. 디즈니랜드 간다고 정말 학수고대했는데 오늘은 도착 못 할 수도 있으니, 어떻게 하면 좋을까요?"

그러자 그녀는 우리 가족을 한번 쳐다보더니 손을 흔들며 우리를 한 카운터 앞으로 인도했다. 그러고는 자기 동료에게 말했다.

"하이! 이분들 비행기 놓치실 것 같은데, 먼저 수속 좀 도와드려."

그녀의 도움 덕분에 우리 가족은 정말 탑승 마감 마지막 1초를 남기고 비행기에 오를 수 있었다.

나는 아내와 아이들의 환한 미소를 보며 왜 내가 그 직원의 도움을 받을 수 있었는지를 생각해보았다. 그 이유는 바로 우리가 서로의 입장에 공감했기 때문이다.

그렇다. '공감'이라는 이 두 글자가 바로 심리학이 내게 준 가장 큰 수확이다. 그 항공사 직원이 내 안타까운 마음에 공감하지 못했다면, 우리는 아마 계속 줄을 선 채 기다려야 했을지도 모른다. 마찬가지로 내가 '공감 능력'을 발휘하지 못해 그 직원의 고단함을 생각하지 못했다면, 그녀는 과연 내 말을 듣고 우리를 다른 카운터로 데려가 동료에게 도와달라 부탁했을까?

모두가 공감 능력을 발휘해 서로를 이해하고 배려했기에 우리는 상황을 뒤집어 아슬아슬하게 여정을 시작할 수 있었다. 이 경험을 통해 나는 깨달았다. 심리학이 우리에게 주는 가장 큰 도움은 자기 자신을 좀 더 잘 이해하고, 동시에 주변 사람들과 좋은 관계를 만들 수 있도록 해준다는 사실을 말이다.

다른 사람의 신발을 신어보자

'Put yourself in the other person's shoes.'

이는 '공감'에 대해 매우 적절하게 비유한 영어 속담이다. 직역하면 '다른 사람의 신발을 신어보라'는 뜻인데, 결국 '다른 사람의 입장에 서서 생각해보라'는 말이다. 사람들은 저마다 다른 삶을 산다. 삶에 대한 개개인의 고민과 부담을 세상에 둘도 없는 신발이라고 생각해보자. 당신이 신고 있는 신발이 러닝화라면, 당신에게 500미터 달리기쯤은 손바닥 뒤집기처럼 쉬운 일일 것이다. 그러나 상대가 투박한 쇠신발을 신고 있다면, 그는 걷는 것만으로도 땀이 비 오듯 흐르고 숨이 턱에 닿을 것이다. 이런 그가 500미터를 달려야 한다면 탈진하지 않겠는가?

공감 능력이 뛰어난 사람은 역지사지로 상대를 헤아리며, 함부로 타인을 비난하지 않는다. 그러나 공감할 줄 모르는 사람은 주변에서 일어나는 일들을 그저 자기 입장으로만 해석해 타인의 어려움을 쉽게 이해하지 못하고 늘 비난한다.

엘리베이터를 탈 때 거동이 불편한 장애인 때문에 앞을 가로막힌 경우, 공감할 줄 모르는 사람이라면 속으로 이런 생각을 할 것이다.

'재수도 없지. 하필이면 저런 사람을 만나다니. 뭘 저렇게 꾸물거리는 거야!'

자칫하면 자신의 불쾌감을 이렇게 드러낼 수도 있다.

"빨리 좀 타실래요? 아니면 사람들 바쁜 시간에 나오질 말든가!"

공감할 줄 아는 사람은 엘리베이터를 오르내릴 때 장애인이 느낄 고충을 진심으로 이해할 줄 안다. 그리고 뒷사람에게 피해를 주고 있다는 생각에 그 장애인의 마음이 얼마나 초조할지를 헤아려 그에게 먼저 이런 말을 건네기도 한다.

"괜찮으니까 조심해서 천천히 타세요!"

어쩌면 엘리베이터의 버튼을 눌러주며 그가 엘리베이터에 오르는 것을 도와줄지도 모를 일이다. 이러한 공감은 처지를 바꿔 상대의 감정과 욕구를 생각하고 이해하는 것에서부터 비롯된다.

남을 배려하는 마음

공감은 대부분 '경청'에서 시작된다. 진심 어린 경청을 통해 상대의 진짜 기분과 감정을 이해하는 것이다. 심리학자들은 인간에게 '타인을 위하는 본성'이 있다고 말한다. '매슬로의 욕구단계 이론'에서 언급된 바와 같이 다른 사람과 함께하며 소속감을 갖는 것은 인간의 기본적 욕구 중 하나다. 그리고 공감 능력은 바로 이런 긴밀한 연결을 만드는 중요 요소다.

공감은 인간이 타고난 귀한 특성이자 배양과 단련이 필요한 능력이기도 하다. 따라서 우리 삶의 여러 순간에 이를 결합하여 언제든 역지사지의 마음으로 다른 사람의 신발을 신어볼 수 있어야 한다. 그동안 식전부터 불만을 터뜨리고 짜증을 내며 아침 식사까지 거부했다면 이제부터는 이렇게 생각해보자.

'부모님은 아침 식사를 준비하기 위해 나보다 더 일찍 일어났겠구나.'

타인의 신발에 발을 넣어보면 그 사람의 마음과 수고를 느낄 수 있다.

지금까지 우리는 여러 심리학 개념을 살펴봤다. 이러한 개념들이 보기엔 제각각인 듯해도 사실 그 중점은 하나다. 바로 나 자신을 이해하고 처지를 바꿔 생각하는 법을 배워 공감하면서 이해심 많은 사람으로 거듭나는 것이다. 부디 심리학을 통해 나를 알고, 남을 알며, 나 자신의 인생을 풍성하게 만들어 나아가길 바란다.

생각 연습

① 친구의 마음을 살피고, 경청하는 연습을 하자.
② 부모님과의 갈등으로 기분이 좋지 않을 때는 마음을 가라앉히고, 처지를 바꿔 부모님을 이해할 수는 없는지 생각해보자.

더 나은 내가 되기

초판 1쇄 인쇄 | 2022년 4월 5일
초판 1쇄 발행 | 2022년 4월 18일

지은이 | 류쉬안
옮긴이 | 원녕경
펴낸이 | 박찬근
펴낸곳 | (주)다연
주　소 | (10550) 경기도 고양시 덕양구 삼원로 73 한일윈스타 1422호
전　화 | 070-8700-8767
팩　스 | (031) 814-8769
이메일 | dayeonbook@naver.com
편　집 | 미토스
본문디자인 | 모티브
표지디자인 | 강희연

ⓒ (주)다연

ISBN 979-11-977055-5-7 (03320)